Graine de crapule

suivi de

Les vagabonds efficaces

et autres textes

Fernand Deligny

Graine de crapule

Conseils aux éducateurs qui voudraient la cultiver

suivi de

Les vagabonds efficaces

et autres textes

Préface de Isaac Joseph

DUNOD

En couverture :
La Banlieue, photo de Robert Doisneau,
© Robert Doisneau / Rapho

ISBN 978-2-10-080212-8

Note de l'éditeur

Cette édition rassemble deux des textes les plus connus de Fernand Deligy : *Graine de crapule* (publié pour la première fois en 1945) et *Les Vagabonds efficaces* (première publication 1947). Ont été également regroupés dans cet ensemble les écrits réunis dans le cadre de la réédition des *Vagabonds efficaces* parue en 1975 aux éditions François Maspero. Il s'agit de *Pavillon 3* (1943), *La Grande Cordée* (1950), *Le Groupe et la demande* (1967) et *La Caméra, outil pédagogique* (1955). L'éditeur tient à remercier Émile Copfermann pour avoir autorisé la reprise de sa préface de l'édition François Maspero et Isaac Joseph qui a rédigé la préface de cette nouvelle édition. Sa gratitude va également à Dominique Autié, directeur des éditions Privat et à Daniel Terral activement présents dès l'origine de cette entreprise. Il remercie Gisèle Durand, présence-proche de Deligny pendant de longues années. Il adresse enfin tous ses remerciements à jacques Allaire, qui a su mener avec constance le beau projet de redonner vie à l'œuvre de Fernand Deligny. Sans son opiniâtreté, sa patience et sa générosité, cet ouvrage n'aurait pas vu le jour.

Préface

Fernand Deligny a été à sa manière un chroniqueur des Trente Glorieuses et de leur travail de désenfermement. D'abord écrivain public immergé dans l'univers asilaire et chargé par les reclus eux-mêmes du travail consistant à signaler leur position pour leurs proches, il a ensuite tenu, pour diverses tentatives ou innovations pédagogiques dans le champ de l'inadaptation, une sorte de main-courante paradoxale, dont l'écriture était à la fois suffisamment sophistiquée pour piéger les lecteurs professionnels du regard clinique et aussi discrète que possible pour ne pas se soumettre aux catégories du rapport et du compte-rendu. Entre 1945 et 1975, Deligny a mené une guérilla contre les « puissants personnages » qui lui demandaient régulièrement ce qu'il faisait « au juste » avec les enfants terribles de l'après-guerre, puis il a offert un refuge aux enfants déchus de la parole triomphante. Le langage de cette guérilla a été pour tout un milieu d'éducateurs et de militants une sorte d'ethnométhode toujours disponible, la plus fascinante non seulement parce qu'elle actualisait le pouvoir de la marge pour une génération en révolte « contre les institutions », ni même parce qu'elle savait renouer avec les accents libertaires de l'engagement éducatif. Ce sont là des traits d'une expérience limitée qui n'est sans doute pas négligeable : Deligny répondait à des gens qui venaient le voir en crise et il savait que leur désarroi d'un moment ne les empêcherait pas de retourner au labeur et aux disciplines des institutions. C'était une adresse, un relais-étape du pèlerinage de la mécréance. Mais la fascination majeure qu'exerçait Deligny ne tient pas à ce contexte particulier et fait qu'on le lira comme on lit Melville ou Rimbaud, comme on retourne voir un tableau de Van Gogh. C'est l'héritage de ces vagabonds grandioses et leur morale (« trois inlassables, à la recherche d'une morale qui ne soit pas une empreinte morte, éclatés bientôt sur ce terreau vivant du peuple qui va au-devant de la vie »), leur proximité inquiète avec la délinquance et la folie, la dénonciation silencieuse des professeurs, des juges et des artistes que Deligny retrouve en 1947. Il lui tarde, dit-il, de les rejoindre dans leur œuvre, leur vie, leur correspondance et au-delà de toute méthode éducative. C'est à cette expérience qui consiste à « décamper » bon gré, mal gré qu'il résume son expérience de *La Grande Cordée*, vingt ans après :

> « Il ne s'agit pas de méthode, je n'en ai jamais eu. Il s'agit bien, à un moment donné, dans des lieux très réels, dans une conjoncture on ne peut plus concrète, d'une position à tenir. Il ne m'est jamais arrivé de pouvoir la tenir plus de deux ou trois ans. À chaque fois elle était investie, cernée et je m'en tirai comme je pouvais, sans armes et sans bagages et toujours sans méthode. » (*V.E.*, p. 159).

On lira sans doute autrement aujourd'hui ces pages consacrées à l'expérience de *La Grande Cordée*, mobilisant le réseau des auberges de jeunesse et ses militants diversement labellisés, dans une tentative de lutte contre la relégation asilaire et son dénuement tragique, mais aussi dans une sorte de reconquête du territoire national. Peut-être y lirons-nous l'amorce d'un nouveau langage du travail social fondé sur la qualification mutuelle et les chaînes de coopération des « présences proches », sur l'attention aux langages du corps et à la culture dramatique. Mais ces pages parlent d'un autre contexte et le vocabulaire des motifs qu'elles utilisent correspond à un autre horizon d'expériences, dirait Koselleck :

> « L'égalité, disait Deligny, de cette racaille d'adolescents "placés", ils s'en foutaient pas mal et de la fraternité aussi. La liberté. Ils disaient qu'on n'a pas le droit de vous prendre ça. » (*V.E.*, p. 160).

L'attendu historique de *La Grande Cordée*, c'était la Libération. Dans ce contexte, les langages de la résistance et de la guérilla se télescopent avec celui des adolescents eux-mêmes et de ceux qui les accompagnent dans leur migration (le langage de l'aventure), pour aboutir dans cette formule de la *tentative*, du *moment éducatif*. Dans l'organisation de ce moment, les contraintes de la demande sociale et des montages institutionnels cèdent un peu de place à la logique des réseaux (réseaux de séjour, réseaux de mobilisation et de soutien). Décamper, c'est donc d'abord, avec l'aide de quelques amis, *tenter ailleurs*, au seuil ou à côté des institutions en place, tenir une position vulnérable par définition, puisqu'elle consiste toujours à vivre dans la grande proximité des enfants de l'inadaptation et à explorer avec eux les règles du jeu qui conviennent aux circonstances. L'éducateur est un créateur de circonstances, dit Deligny. Son rôle consiste à les organiser de telle sorte que les règles du jeu éducatif puissent être stabilisées – c'est la notion d'*établi*, puis à traduire sans trahir l'expérience de la proximité et de la présence conjointe, sans préjuger de l'étrangéité radicale de l'aliéné – nous sommes toujours dans le cadre du « traitement moral » – ni dans la toute puissance de notre interprétation.

> « J'ai vécu pendant quatre ans dans un asile d'aliénés. Les aliénés les plus typés, les plus chroniques, les plus déments ne m'ont pas surpris : des moments de moi-même faits hommes, un "point de vue" maintenu plus longtemps qu'il ne faut, un détachement qu'aucun sommeil ne peut rompre et le reste du monde qui s'en va à la dérive sans qu'on fasse un geste pour sauter sur ce qui tourne, la solution unique et tragique qui s'impose par manque de mobilité.

> […] Ma vie en profite pour être bourrée d'êtres vivants et toujours ouverte sur l'imprévu jusqu'à l'extrême fatigue. » (*VE* p. 137).

Ces lignes qui accompagnent la réédition de *Les Vagabonds efficaces* aux éditions François Maspéro, en 1970, résument le parcours et la méthode : « de tentative en tentative à la recherche de cette autre chose que quémande le moindre geste d'un enfant inadapté ». Deligny inscrit son parcours de recherche dans le champ de l'inadaptation bien qu'il y ait été condamné à la précarité, contraint de redéfinir constamment sa position. Rançon de sa fidélité aux attendus de la libération, il est toujours de passage dans ce champ, chroniqueur ou témoin d'une quête immuable d'autre chose, soucieux de ne décrire ses personnages, adolescents inadaptés ou enfants autistes que par fragments.

Curieuse méthode qui s'interdit de parler de progrès ou de réinsertion jusqu'à avouer à deux reprises que les inadaptés qu'elle a tenté de rééduquer peuvent se retrouver dans les rangs de la Waffen SS, comme pour souligner en même temps que la tragédie de l'aliéné, celle de l'éducateur ; qui demeure quasiment mutique sur le roman familial de l'inadapté comme pour rappeler que c'est de soi-même ou du genre humain indifférencié qu'il s'agit dans ces « cahiers de l'immuable » que l'éducateur remplit avec un soin d'écolier jusqu'à son dernier séjour de Monoblet.

Pastiche de méthode ? Tissu de jeux de mots sur le métier d'éducateur ? Ici ou là pourtant Deligny s'est expliqué aussi bien sur ses défiances que sur ses certitudes ; il a identifié aussi bien ses ennemis que ses références. Admirateur de l'œuvre d'Henri Wallon, il a souligné après lui « le complexe indissoluble que forment des situations déterminées et les dispositions du sujet » – en lettres majuscules dans *Les Vagabonds efficaces*.

Si l'éducateur est un créateur de circonstances, c'est que la réalité relationnelle de l'univers pédagogique est faite de moments. L'efficacité du pédagogue est donc tout à la fois *écologique* – et les circonstances s'appellent alors : asile ou caserne, camp scout, prison, laboratoire ou courée de faubourg – et *pragmatique*, et elle a consisté d'abord à jouer le jeu du délinquant, à subvertir la règle avec son assentiment, à recadrer son savoir-faire pervers ou « incivil » dans des situations inédites où ses routines sont prises de vitesse, ses compétences révélées par surprise ; à se saisir aussi face à l'aliéné de ces « moments de moi-même faits hommes », pour les décrire à nouveaux frais dans leur singularité, en formulant les choses autrement, sans compassion ni compréhension, en laissant le tragique de l'irréparable sous le voile de l'implicite, en riant de notre commune humanité avec l'autiste.

En un sens, l'éducateur n'*y* est pour rien : il ne fait qu'assumer une position et la signaler régulièrement à ceux qui lui demandent des comptes sur son métier et ses dispositions. Rendre compte d'un savoir-faire, c'est alors fournir au commanditaire (institutions, familles, public savant) des cartes, des dessins et des films. Donner des nouvelles de la tentative en prenant soin de s'abstraire du coutumier pour ne donner à voir que la configuration des places et le jeu de positions des « présences proches ». Nous n'avons pas oublié l'énorme puissance déstabilisante que pouvait avoir, dans les années 70, cette « abstraction du sujet » pour un milieu englué dans le vocabulaire des projections, des représentations et des réciprocités imaginaires. Elle parlait d'une intelligence du dehors, d'un ordre des choses et des visibilités méconnu par les idéologies de l'écoute et de l'interprétation. En écho au tournant linguistique, elle rappelait que notre commune humanité consiste moins à prendre la parole du fond d'un soi-même qu'à donner la réplique à un ordre établi.

> « Il y a une bonne partie de ce moi-même, informe, plastique, affectif, qui prend les empreintes comme le mastic du serrurier ». (*V.E.*, p. 87).

Mais dès lors qu'il lui faut détourner les vocabulaires disponibles du redressement ou de la prise en charge pour parler *au plus près* de l'inadapté et de son expérience, l'éducateur est tout entier dans son écriture. Par elle, il peut reformuler les choses, réinterpréter la règle du jeu de la restitution et redéfinir les principes de la commune humanité avec l'inadapté. On conçoit que l'écriture de ce témoin soit particulièrement travaillée pour dire ce qu'il entend des « voix sans dire » et pour évoquer l'expérience d'une « mémoire tarie ». La formule de la méthode Deligny est là : dans la prise de conscience du *travail de reformulation qu'implique la fraternité inquiète avec l'aliéné*. Si l'éducateur, qui n'est ni juge, ni professeur, doit se faire du *souci* sur son métier et ses méthodes, c'est que la manière de décrire et d'observer est le tout de sa position. Qu'il soit écrivain public, chroniqueur ou présence proche, il se doit d'échapper au jeu des identifications cliniques, à ses catégories et ses cas ; il se doit aussi de laisser à ses personnages de chair et de sang leur figure de sable, leur matière sans nom. Il doit renommer et laisser aux figures de l'aliénation leur anonymat.

D'où cette perception naturaliste des hommes et des paysages (l'immuable), cette vision minéralisée de l'attachement des hommes et des choses (l'établi). Non pas le regard éloigné de l'anthropologue capable de distancier et de relativiser son objet, mais le regard absent de celui qui fouille sa mémoire en silence, regard focalisé sur le « moindre geste » et qui ne laisse discerner d'observable que des silhouettes et des uniformes, des lignes d'erre et des cernes. L'écriture de Deligny semble s'interdite d'utiliser les techniques de la présentation de cas ou de la dramaturgie clinique (crises, intermèdes, dénouement) pour s'installer dans un présent sans âge ou sans histoire, à l'écart du récit. C'est que décider d'écrire sur des actions sans acteurs, sur les infinitifs du commun, c'est s'en

tenir à la légende du moment, quitte à faire prendre des poses à celui que l'on « demande à voir ».
On pourrait dire ainsi de l'écriture de Deligny qu'elle est « fabriquée », qu'elle ne dit pas tout des circonstances de l'expérience éducative ou encore qu'elle est « hypercorrigée » (et pas seulement parce qu'elle est toujours « coproduite », médiatisée de manière différente dans différents contextes intellectuels) comme pour contourner les routines verbales du travail social ou de la psychiatrie. Reste que ce langage a été et est toujours efficace dans le registre du témoignage et dans celui de l'action, comme un dispositif de prudence ou de sagesse pratique. L'éducateur que fabrique Deligny, grand célibataire ou grand frère inquiet, doit savoir garder sa place aux deux sens du terme : ne pas se prendre pour un autre, parent, juge ou psychiatre, et prendre soin d'une disposition singulière attachée à son métier : apprendre à vivre et à fabriquer du commun, son écriture n'y est pas pour rien.

Isaac JOSEPH

Graine de Crapule

Ce petit livre a été écrit en 1943, édité en 1945. Dix ans après, on m'a parlé d'en faire une nouvelle édition. Je l'ai relu. Indigné, je me suis mis à préparer une critique serrée de ces petites formules sous le titre : *Graine de Crapule* ou *Le charlatan de bonne volonté*. Cette autocritique relue aujourd'hui, dans l'hiver des Cévennes, me paraît bien outrancière, hargneuse, péremptoire. Elle restera dans la caisse de bois à claire-voie où s'entassent, à chaque déménagement, des pages et des pages de propos et de récits qui me sont peut-être ce que les feuilles qui tombent sont aux arbres.

Pourtant, laisser partir de nouveaux exemplaires de *Graine de Crapule* sans rien dire me gêne. J'ai quinze ou seize ans de plus, quinze ou seize ans de ce métier très quotidien dont je parlais allégrement en 1943.

Des mots me viennent, des pages, des chapitres si je ne me retiens.

Il faut à ce petit livre un sous-titre qui me situe maintenant par rapport à ce que j'ai écrit il y a quinze ans. Ce sous-titre je l'ai : *Graine de Crapule* ou *l'Amateur de cerfs-volants*.

Il était une fois un amateur de cerfs-volants. Vous voyez ce qu'est le cerf-volant par rapport aux nuages, aux oiseaux, aux avions et satellites ; ça ne se trouve pas dans la nature, on peut le faire soi-même d'après des modèles proposés dans des revues et des brochures ou bien inventer de nouvelles formes inspirées d'ancestraux cerfs-volants chinois, du vautour des Andes ou du Mystère IV. Un cerf-volant ne troue pas les murs de l'espace, ça ne tonne ni ne vrombit, il s'en faut d'on ne sait quoi pour qu'il tienne dans le vent et persiste à égayer d'un point de couleur vive le ciel le plus gris ou pour qu'il s'abatte et lui, au moins, ne fracasse que sa propre armature. À première vue ça ne sert à rien. Voire.

Donc, vers 1943, je me suis mis à faire un cerf-volant, deux cerfs-volants : les formules, formulettes, comptines, charades, aphorismes et paradoxes de *Graine de Crapule*.

Un cerf-volant, surtout s'il est de petite taille, est facile à maintenir. Cent trente-six, c'est une autre affaire : ils vous entraînent pour peu qu'ils prennent dans le vent, ils vous soulèveraient on ne peut pas dire au-dessus de soi-même et, pourtant, je me suis retrouvé éducateur réputé, déposé, par la force et la grâce de ces cent trente-six petits cerfs-volants, dans un congrès international par-ci, une commission par-là et j'avais beau tirer sur les cordes comme le font les plongeurs quand ils veulent remonter, mes cerfs-volants m'ont bien souvent laissé moisir là d'où j'aurais bien voulu me tirer.

Il m'est arrivé pire. Toujours soulevé par ce troupeau disparate de propos dont j'avais bricolé à loisir la forme moi-même, je me suis trouvé à la tête, à la création d'organismes de rééducation. Pauvre de moi : c'est là que s'emmêlent les propos tenus et leurs ficelles. C'est là que le pauvre diable qui tient de la main droite sa gerbe de petits drapeaux multiformes et multicolores s'aperçoit qu'il n'a plus qu'une main, l'autre, pour s'escrimer, vaille que vaille, sans muraille ni certitude pour carrer le dos. Passe encore si l'une ou l'autre de ces formules pourtant lâchées depuis longtemps ne vient pas lui tomber sur la tête et les épaules, l'aveugler, l'empêtrer de sa queue à papillotes sur lesquelles des mots sont écrits et il en déplie une au hasard et il l'applique et il dit un faux-mot comme on fait un faux-mouvement.

Voilà sans doute ce que je voulais raconter aux anciens et futurs lecteurs de *Graine de Crapule*. Deux mondes il y a. Celui des formules, formulettes, charades et paraboles et celui de ce qui se passe à tous moments ici-bas pour qui veut aider les autres. Si, une fois lus, quelques-uns de mes propos frémissent gaiement dans le ciel de quelques mémoires, tant mieux : c'est là leur raison d'être. Mais celui qui voudrait s'en servir, les appliquer en quelque sorte, s'apercevrait du même coup, de quoi ils sont faits : des morceaux de pages lues encollés et tendus sur les branches souples et légères arrachées à une espèce particulière d'enthousiasme qui surgit chaque fois qu'un enfant m'aborde. Qui a été mille fois scié, abattu et dont la souche n'en finit pas de pousser des rejets.

FERNAND DELIGNY
janvier 1960

SI TU FRÉQUENTES les petits d'homme en école, en patronage, en colonie de vacances, tu connais la graine de crapule, comme le cultivateur connaît le chardon, l'ivraie, le coquelicot ou la nielle, en les maudissant.

Suppose maintenant que, curieux cultivateur, tu aies semé un champ d'ivraie, de chardon, de nielle et de coquelicot. Tu sentiras les mêmes angoisses à les voir sortir de terre que tu n'en éprouvais à voir germer ton blé.

Mais ne te hâte pas de balayer tes greniers, ne prépare pas encore tes cordes à moisson. La récolte, si récolte il y a, sera pour tout à l'heure, pour plus tard ou pour jamais.

Avec cette différence que la graine de crapule c'est tout de même de la graine d'homme.

PUISQU'IL est entendu que tu cultives l'ivraie, le chardon, le coquelicot et la nielle, attends-toi à voir venir les cultivateurs, bien à l'aise dans leurs sabots, regarder ton champ et dire :

— « Voilà la nielle, l'ivraie, le coquelicot, et le chardon qui infectent nos champs, soignés comme il ne viendrait pas à l'idée de soigner le blé. »

Si tu aimes un peu faire rire à tes dépens, réponds, les yeux au ciel et les mains ouvertes :

— « Oui : et je crois que la récolte sera belle. »

Mais il reste entendu que la graine de crapule c'est tout de même de la graine d'homme.

Ou alors, tu serais aussi fou que tu en as l'air.

Celui-ci crie et gesticule, t'assaille de projets et de réclamations ; celui-là dort et dort sans rêves.

Tu te dis « L'œuvre est facile ; je vais réveiller l'endormi et calmer l'agité. » Et tu n'y arrives pas parce que c'est impossible, que la plante est dans la graine et que la graine est déjà plante.

Trouve pour l'agité un travail qui occupera utilement son agitation et apprends à l'endormi à travailler en dormant.

Ce faisant, tu ne seras pas aussi fort que le bon Dieu mais tu auras fait ton possible.

ET s'il te plaît, ne compte pas sur le pouvoir des mots. As-tu déjà entendu un paysan parler à ses betteraves, un jardiner à ses salades, un vigneron à ses raisins ?

Ils font ce qu'il faut pour que ça pousse et sont fort respectueux du temps. Je ne te parle pas de la pluie et du vent, mais de la durée nécessaire pour que les choses s'accomplissent.

Lorsqu'ils grommellent « Ça ne va guère », c'est qu'il n'y a rien d'autre à faire.

Et si tu me dis « Oui, mais les petits d'hommes ont des oreilles. »

Je te répondrai « Hélas… si ce trou n'existait pas, les adultes ne pourraient pas y déverser leurs bêtises. »

TU te dis « Ils ont volé, ils se sont sauvés de chez eux et ils ont vagabondé : errants comme des loups, sournois comme des fauves… Je vais à tout hasard élargir mes épaules et prendre, mâchoires serrées, un regard de dompteur… Et tu les trouves serviles, flatteurs, empressés et obéissants. »

Ils t'offrent, puisqu'ils ne peuvent te donner autre chose, leurs mains, leur sourire et leurs oreilles.

Tu te dis « Je les ai conquis. »

Les deux trous d'épingle dans les pneus de la bicyclette, c'est pour compléter le cadeau, ce don d'eux-mêmes qu'ils jugeaient sans doute insuffisant.

REPOUSSE ceux qui viennent s'offrir : ne va pas chercher ceux qui s'éloignent de toi et compte ceux qui restent.

S'il n'y en a qu'un, commence avec celui-là.

Tu es trop sévère ? Ils vont se cacher. Tu ne l'es pas assez ? Alors tu ne les empêches pas de mal faire. Ne te soucie donc pas de sévérité.

Tu te dis : « Attention ! il s'agit d'une lutte. Une volonté, la mienne, contre cent volontés hostiles : les leurs ».

Et tu te prépares et te bandes et tu perds ton temps : de volonté, ils n'en ont pas.

Ce qu'il te faut faire, c'est te mettre devant et tirer, les tirer vers un but. Et tu peux t'arc-bouter, car c'est lourd et glissant.

Pendant ce temps, bien occupé que tu es à les hâter vers la lumière et le soleil, ils vont chiper des poires dans les jardins voisins.

Il faut donc te mettre derrière eux, pour les surveiller. N'ayant plus personne à suivre, ils s'égaillent.

Et tu rentres chez toi, bien dégoûté de ton nouveau métier de berger.

H A ÉTÉ mis au monde par sa mère, élevé par sa tante, puis par une cousine, placé dans une ferme, repris par ses grands-parents pour t'arriver frais sorti de prison.

Et tu accuses la société ?

Quand tu connaîtras H, tu seras plein d'indulgence pour la mère, la tante, la cousine, le fermier, le grand-père et le directeur de la prison.

Ce qui n'excuse pas la société.

PETITS malchanceux ? Voire.

Laisse les bonnes âmes des bonnes œuvres se chatouiller la sensiblerie.

Toi, fais ton métier.

ILS CONNAISSENT toutes les méthodes de séduction, de la main sur l'épaule au coup de pied quelque part en passant par le sermon à voix contenue, les yeux dans les yeux.

Pour l'effet que ça leur a fait, essaie autre chose.

Il faut savoir ce que tu veux.

Si c'est te faire aimer d'eux, apporte des bonbons. Mais le jour où tu viendras les mains vides, ils te traiteront de grand dégeulasse.

Si tu veux faire ton travail, apporte leur une corde à tirer, du bois à casser, des sacs à porter.

L'amour viendra ensuite, et là n'est pas ta récompense.

Si tu viens les poches pleines de jouets, en une heure ils en feront du bois cassé.

Si tu viens la tête pleine de projets, en trois jours ils seront usés.

Et les journées ont vingt-quatre heures, les semaines, sept journées, les mois, quatre semaines et les années, douze mois.

Et après ceux-ci qui savent maintenant s'amuser tout seuls, en viennent d'autres qui ont pris goût à l'ennui. Le mariage, c'est l'amour et c'est aussi la vaisselle bi-quotidienne.

Je ne te dis pas ça pour te décourager, mais pour que tu ménages ton courage.

Frileux et sans espoir, comme on imagine une fin de race : patients et résignés autour d'un feu qui jette encore, par instants, un reflet de sang sur leurs joues maigres, une étincelle dans leurs yeux immobiles.

Si tu n'interviens pas, nul d'entre eux ne dépliera ses jambes pour amener le fagot de bois mort au feu de vie qui s'éteint : si tu n'interviens pas, nul d'entre eux ne se lèvera pour venir souffler sur la braise.

TOUJOURS l'hiver.

As-tu déjà vu vivre un enfant ? Comme un soleil d'été prodigue de sa chaleur et de sa clarté au point d'en réjouir la mer et d'enflammer les bois.

Eux sont froids, gris et mornes, et ce qui les anime quelquefois, c'est simplement une fièvre.

TU RECONNAÎTRAS ceux qui ont été élevés par une femme, ceux qui l'ont été par des vieux, ceux qui ont grandi dans un orphelinat et ceux qui ont tété les remparts.

IL PLEUT. Ils viennent s'abriter dans la salle, pâles, dents serrées, petite humanité devant le désastre, désespérés de cette très vieille odeur de misère qui monte d'eux.

SI TU VEUX les connaître vite, fais-les jouer.

Si tu veux leur apprendre à vivre, laisse les livres de côté.

Fais-les jouer.

Si tu veux qu'ils prennent goût au travail, ne les lie pas à l'établi.

Fais-les jouer.

Si tu veux faire ton métier, fais-les jouer, jouer, jouer.

NE SOIS PAS trop exigeant.

Ils ont volé des poires pour les manger.

Ils auraient pu casser les branches, pour le plaisir.

Dans la gamme des mauvaises actions, celles qui profitent vraiment sonnent quand même mieux à l'oreille.

TU N'OBTIENDRAS rien de la contrainte.

Tu pourras à la rigueur les contraindre à l'immobilité et au silence et, ce résultat durement acquis, tu seras bien avancé.

SI TU COUPES la langue qui a menti et la main qui a volé tu seras, en quelques jours, maître d'un petit peuple de muets et de manchots.

SI AUJOURD'HUI tu donnes une gifle, demain, puisque la gifle aura été sans effet, il te faudra donner un coup de poing, après-demain un coup de matraque, puis installer une chambre des supplices.

Tu crois que j'exagère ?

Et pourtant combien de maisons de rééducation s'ornaient de cellules d'isolement aussi inconfortables que possible où l'on jetait l'enfant puni en le privant de nourriture. Pendant qu'il était là-dedans, il fichait la paix au personnel, en attendant la mort.

Ou le comble de l'adaptation sociale.

SAIS-TU chanter, improviser une histoire de pirates, marcher sur les mains, imiter les cris d'animaux, dessiner sur les murs avec un morceau de charbon ?

Alors tu auras de la discipline.

DANS les plus grandes pagailles, tu es le calme souriant. Dans les grands calmes, tu es le vent.

ARRANGE-TOI pour qu'ils aient toujours cette sensation de choix, hors de laquelle il n'est pas de bonne volonté possible.

LE PLUS GRAND MAL que tu puisses leur faire, c'est de promettre et de ne pas tenir.

D'ailleurs tu le paieras cher et ce sera justice.

Où êtes-vous, beaux délinquants frustes, anarchistes, yeux noirs, corps chauds lacérés de cicatrices ?

Ceux que tu verras seront gloutons et flatteurs et s'évanouiront si tu les vaccines.

Voilà : tu donnes un billet de cent francs à un fugueur et tu l'envoies à la gare chercher un billet de chemin de fer. Il revient essoufflé en te rapportant la monnaie.

— « L'ai-je bien rééduqué ? »

Trois jours plus tard, ton cobaye pendant la nuit démonte une fenêtre et disparaît pour un certain temps.

J'espère que tu te diras :

— « Bien joué. »

Et que tu réserveras tes expériences pour les souris blanches.

Tu crois que le monde est divisé en deux grands groupes : ceux qui sont honnêtes et ceux qui ne le sont pas. Eux te diront : ceux qui sont pris et ceux qui ne le sont pas.

Si tu connais un peu l'arithmétique sociale, tu te dis que trente gosses dans un dortoir, ça fait dix fois trois copains, ou trois fois dix copains, ou quinze fois deux copains.

Hélas, ici trente est trente. Trente maigres solitudes complices et jalouses.

UN INCIDENT... Une façon de l'éviter. Mille façons de l'excuser.

SI TU JOUES au policier, ils joueront aux bandits. Si tu joues au bon Dieu, ils joueront aux diables.
Si tu joues au geôlier, ils joueront aux prisonniers.
Si tu es toi-même, ils seront bien embêtés.

UN ŒIL sur eux, un œil au ciel.
Les premiers jours, ça te fera un peu mal à la tête.

CELUI-LÀ que tu traites d'indifférent et d'endormi, as-tu vu avec quelle adresse et quelle vivacité il est capable de chiper un gâteau dans une pâtisserie pleine de clients ?

Il vit. Rien n'est perdu.

LORSQUE H est arrivé, tout paré de qualités, tu t'es demandé :

— « Mais qu'est-ce qu'il vient faire ici ? »

Maintenant que tu le connais, tu te dis :

— « Qu'est-ce qu'il pourra bien faire dehors ? »

CELUI-LÀ est une franche crapule ; il vient de prison, bosselé et teigneux ; son dossier s'orne de rapports verbeux et de récidives.

Tant mieux, l'ouvrage est à moitié fait.

En montagne, mieux vaut avoir à monter qu'à descendre.

C À SON ARRIVÉE se montre poli, prévenant et honnête ; c'est un comédien. Il faudra lui apprendre à être lui-même.

Et enfin, le temps aidant, à devenir un autre.

T, QUI DONNAIT des coups de pied dans les tibias, donne maintenant des coups de poing dans la figure. Gros progrès.

L T'ARRIVE de prison pour vol d'un lapin qu'il a partagé avec sa grand-mère.

Remercie la justice ; on aurait pu t'envoyer la grand-mère.

J'EN AI CONNU un qui mettait tant d'acharnement à jouer qu'il lui arrivait de s'évanouir.

Il n'avait pas le courage de se retenir.

C'est le même qui jetait une hache après sa mère lorsqu'elle lui refusait quarante sous.

Une fois sorti « amélioré » il a voulu violer sa petite sœur qu'il n'avait pas vue depuis longtemps.

TOUR à tour prodigue et avare, audacieux et craintif, mesquin et désintéressé, celui-là n'est lui-même que lorsqu'il dort.

R CONNAÎT déjà que la vie n'est pas pour lui et, les mains sur les genoux, il regarde passer les heures.

N'OUBLIE jamais de regarder si celui qui refuse de marcher n'a pas un clou dans sa chaussure.

TU LES METS contre un mur : tu fais une marque à quelques millimètres au-dessus de chaque tête.

Tu attends qu'ils aient grandi.
Labeur incessant.

Sois surtout présent lorsque tu n'es pas là.

S'ils vont voler des fraises, plante des fraisiers dans leur cour.

Capables de tout ?
À toi le « tout ».

Tu leur fais chanter des chants glorifiant la beauté du monde. Et ce qu'ils cherchent, yeux baissés, c'est un mégot solitaire.

Tu leur proposes des jeux de ta jeunesse et ils n'ont pas l'air de comprendre qu'ils sont plus attrayants que d'autres.

Ils sont quarante. Tu leur demandes :
— « Quels sont ceux qui veulent jouer ? »
Vingt-cinq lèvent la main.

— Tu les emmènes tous sur le terrain de jeu. Et ce sont les quinze autres qui jouent.

REGARDE ceux qui restent sur les bords de la salle de jeu, rejetés comme les maladroits sur le « plateau tournant » des foires.

Ils auront du mal à prendre leur place dans l'existence.

ON A VOLÉ quatre tartines. Rapide enquête. M est le voleur. On te l'amène.

— « Monsieur, je ne le ferai plus, plus jamais… je vous le jure. »

Il est pâle de détresse, pleure et se tord les mains, s'accuse et s'il était plus fort, se labourerait la poitrine.

Tu hoches la tête, attentif à ce débat entre l'hérédité et la bonne volonté naissante.

Il te tend trois tartines mouillées de larmes : tu es ému.

L'autre, la sèche, il la mangera tout à l'heure, bien caché, à ta santé.

AVANT DE T'INDIGNER, rappelle-toi de quoi tu étais capable lorsque tu avais leur âge.

TU TE DIS :

— « Je vais remplacer leur père et leur mère. »

Ce qui n'est pas une raison pour te saouler tous les jours.

MÉFIE-TOI : celui qui se montre, c'est qu'il a envie de se faire voir, donc de se cacher.

LORSQUE tout marche bien, il est grand temps d'entreprendre autre chose.

CE SOIR, ils te sont étrangers et sont étrangers l'un à l'autre; l'atmosphère est grise : des grumeaux dans un liquide sale; tout est raté.

Et tu passes ta nuit avec ce poids sur le cœur, complètement dégoûté d'eux.

Le lendemain matin, tu les trouves frais et réussis comme une pâtisserie bien faite.

QUEL constant souci, quelle adresse étonnante, quelle attention toujours soutenue pour éviter le moindre travail!

Quelque chose comme une centrale électrique qui actionnerait un moulin à fumer des cigarettes.

S'ILS BÂILLENT à grande bouche en t'écoutant raconter une histoire, prends ça, si tu le peux, pour une marque de confiance.

IL NE S'AGIT pas qu'ils prennent l'habitude d'un adulte, toi, mais l'habitude de vivre comme tout le monde.

NE LEUR APPRENDS pas à scier si tu ne sais pas tenir une scie; ne leur apprends pas à chanter si chanter t'ennuie; ne te charge pas de leur apprendre à vivre si tu n'aimes pas la vie.

MANIE le scoutisme avec prudence.
Il ne faut pas qu'ils regardent les modèles que tu leur proposes comme un crapaud regarde un papillon.

NE LEUR DIS PAS :
— « Est-ce que moi je ? »

Tu es peut-être un adulte modèle. Tu n'es certes plus un modèle d'enfant.

Mais lorsqu'il s'agira d'avoir du courage, il faudra que tu en aies pour trente ; lorsqu'il s'agira d'avoir de la suite dans les idées, il faudra en avoir pour cinquante ; lorsqu'il s'agira de rire, il te faudra de la gaieté pour cent petits dégoûtés.

Si au cœur du scout dort un petit chevalier, en leur cœur ronfle un petit ouvrier.

Lorsqu'on te parlera de ton dévouement, j'espère que tu seras bien étonné.

Ou alors, change de métier.

À celui qui pleure trop souvent, fais laver la salle. Si tu as pitié, change de métier.

Ne te laisse pas aller jusqu'à dire :

— « Oh ! Jean, tu as fait ça… comme tu me fais de la peine… »

Si ça n'est pas vrai, Jean va bien s'en apercevoir.

Et si c'est vrai, tu risques de faire s'accélérer le rythme des délits, ne serait-ce que pour te faire de la peine.

Car voilà un plaisir dont Jean est privé depuis qu'il a quitté ses parents.

TROP se pencher sur eux, c'est la meilleure position pour recevoir un coup de pied au derrière.

IL ÉTAIT un éducateur qui les aimait beaucoup, beaucoup, tellement qu'ils s'en firent un grand mouchoir.

SI TU VEUX qu'ils soient eux-mêmes, et tu ne peux que le vouloir, mets-toi au milieu d'eux sans armes et sans cuirasse, sans punitions et sans récompenses.

Si tu es attaqué, pratique à la rigueur le jiu-jitsu, qui est connaissance de l'homme avec la manière de s'en servir.

Je parle par image : il ne peut pas être question qu'ils te sautent dessus.

Si ça t'arrive, change de métier : c'est que tu es trop petit, que tu as une vilaine figure ou les pieds plats.

T'INTERDIRE de punir t'obligera à les occuper.

APRÈS l'incontinence verbale, la punition est l'arme la plus chère aux redresseurs d'enfants.

Et le plus triste, c'est que les enfants prennent goût à ces vices de grandes personnes.

Dis-toi que l'éducation commencera le jour où l'atmosphère sera complètement débarrassée du moindre miasme de « sanction ».

Et les plus difficiles à désinfecter seront peut-être les enfants.

Leurs défauts sont comme des poils : plus on les coupe, plus ils repoussent dur.

Une habitude se gratte ; un défaut s'estompe ; ne troue pas le papier.

Ne crois pas trouver en eux de ces défauts miraculeux qui feraient la gloire d'un musée psychologique.

Tu ramasseras à la pelle des défauts qui traînent les rues.

Si tu te contentes de les mettre en serre, soigneusement étiquetés et époussetés tous les mois, ils vont proliférer, croître et devenir monstrueux à souhait et ta petite collection d'anormaux étonnera les visiteurs.

Soignons les délinquants et punissons les tuberculeux. Nous verrons se raréfier les uns et se multiplier les autres.

Celui-là est buté, rebelle et paresseux. Il s'évade.

— « Tant mieux : il n'y avait rien à en faire ; les petits cochons le mangeront. »

Deux ans après, il vient te voir, confortablement vêtu, possesseur d'un vélo acheté sur ses économies, un bon métier en main.

Ne sois pas vexé. La vie a beaucoup plus d'expérience que toi.

AÈRE et nettoie : la méchanceté est un microbe qui profile dans l'ombre, le désordre et la saleté.

L'eau, le feu, l'air et la lumière : de quoi faire, dans notre métier, des miracles.

NE CROIS PAS aux miracles.

Aujourd'hui, il y a du soleil ; le ciel est bleu et le vent frais. Ils jouent. À entendre leurs cris joyeux, à les voir se poursuivre et se disperser pour se regrouper en bandes amies, tu les sens enfin confiants et ouverts.

Tu claques des mains pour applaudir cette confiance enfin retrouvée et pour les appeler.

Quatre d'entre eux se sont évadés.

Preuve que le soleil n'a pas sur toi et sur eux le même effet.

FAIS-LES chanter, rire et danser : fais-les courir, suer, sauter.

Le reste est affaire de prudence et d'organisation.

N'EXPLORE pas leurs « petites histoires entre eux » sans tenir ferme l'échelle par laquelle tu es descendu. Tu risques de t'y asphyxier comme au fond d'un puits.

JEAN a pris la tartine de Paul. Alors Paul recevra une tartine de Jean. Oui, mais Jean devra rendre à Maurice le morceau de sucre que Charles lui avait changé contre un porte-plume qu'Henri avait extorqué à Louis qui l'avait eu à Marcel en échange d'un coup de pied dans le genou et de menaces mystérieuses, lequel Marcel avait volé quatre billes à Paul qui les avait empruntées à Jean.

La vérité est au fond du puits, mais la corde par laquelle tu la tires est si longue, si longue, que lorsque la vérité arrivera à la margelle, tu seras bien trop loin pour voir seulement la couleur de ses cheveux.

Tu t'apercevras que certains juges prennent des décisions comme les bijoutiers vendent une alliance. L'un prend la mesure du délit comme l'autre prend la mesure du doigt. L'un comme l'autre ne se soucient guère du reste.

La justice.

Ou : lorsque l'abstrait se fait greffier.

S'ils sont enfermés, tout ce que tu peux faire pour eux, c'est, comme cette vieille femme qui revient de brouter pour ses lapins en cage, leur rapporter trois brins d'herbe vive :

— Belle histoire, projets, chansons de marche…

Mais ça ne fera jamais de la bien bonne viande.

Élève des truites en eau sale, elles prendront le goût de vase. Élève des grenouilles en eau claire, elles prendront le goût de truite.

CONSTRUIRE un château-fort.
Travail d'esclave ou jeu merveilleux.
Tout est dans la manière.

ÉPILEPTOÏDE, déprimé, hypo-maniaque...
Voilà qui regarde le médecin.
Toi, ton refrain doit être :
— « À quoi allons-nous jouer ? »

T EST BRUTAL et entêté.
Ne te hâte pas de lui ôter ces griffes.
Elles sont peut-être ses seules qualités.

P EST MENTEUR, H est insolent, Z est taquin.
Et F qui n'est rien du tout, qu'allons-nous en faire ?

IL Y A les défauts utiles et ceux qui le sont moins.

HABILES à renifler tes défauts d'homme, et les sentant de loin, comme la hyène la charogne, pour s'en repaître.

Si leurs paroles n'étaient pas vaines, tu serais déjà mort, les yeux crevés, la langue bleue et les entrailles livrées aux mouches (à les en croire lorsqu'ils sont en colère).

Si leurs paroles n'étaient pas vaines, ils seraient braves, joyeux et honnêtes, dévoués et conscients de leur indignité (à les croire lorsqu'ils te parlent).

Tu n'es pas encore mort et ils sont encore un peu crapules.

N'ESSAIE surtout pas de savoir ce qu'ils disent de toi, entre eux.

Ont-ils envie de se mettre en route quand ils te voient arriver ?

Voilà ton travail.

PARCE qu'ils sont sales et noirs, tu t'imagines peut-être qu'il s'agit de faire une grande lessive dont ils sortiront francs et courageux.

Prépare toujours brosses, savon, eau, vent et soleil.

Et puis, jour après jour, tu leur donneras l'habitude de se laver eux-mêmes.

LEUR vice est peint sur leur figure… « Regardez-moi ces attitudes sournoises… »

Choisis le plus pervers de ton équipe, habille-le en petit bourgeois, monte avec lui dans un wagon de deuxième classe et parle-lui comme à ton fils.

Si on ne te dit pas :

— « Il est bien gentil votre petit garçon… » c'est que ta tête n'invite pas à la conversation.

CELUI qui est capable de suer s'en tirera sans doute.

Quant à celui qui sourit si gentiment, en ferons-nous jamais une fille publique ?

CERTAINS sont au bord de l'honnêteté comme un convalescent au bord de la plaine : sa chambre sent la maladie mais il y est au chaud.

AUTOUR d'un immense jardin où des enfants jouaient dans l'herbe haute et les taillis mystérieux, quelqu'un mit une barrière.

Le premier enfant qui la vit appela les autres qui, cessant tout jeu, vinrent regarder à travers les barreaux le reste d'un monde dont ils ne se souciaient guère la veille.

Et le mystère et le plaisir passèrent, désormais inaccessibles, dans le jardin voisin.

Autrement dit : évite les « interdits » sous peine de voir ton troupeau s'y précipiter et franchir à plaisir les barrières nouvelles.

MALADROITS au jeu, comme des hiboux dans la lumière.

Rancuniers, chicaniers, tricheurs, mesquins et avares de leur souffle.

Au demeurant les meilleurs fils du monde. Ils préfèrent chiquer et cracher entre leurs pieds…

MÉFIE-TOI des solutions immédiates : il ne sert à rien de brancher une lampe à pétrole sur le courant électrique.

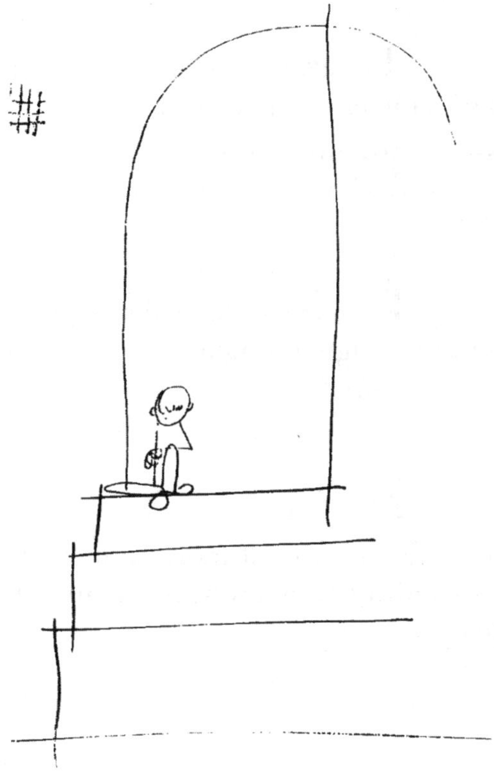

ILS SONT INTOXIQUÉS par quinze ans de vie dans un milieu infect ? Ils n'ont aucun goût pour ce qui est sain, honnête, humain ?

Ton travail est justement de leur rendre assimilable ce dont ils se détournent, de savoir leur présenter ce dont ils ont besoin et qu'ils n'aiment guère : effort quotidien, jeux ordonnés, pleine lumière, eau fraîche, grandes claques joyeuses dans le dos de francs copain.

TU APPRENDRAS que voler habilement est à la portée du plus bête.

Tu reconnaîtras parmi eux l'huître, la carpe, le bœuf, la hyène et le cheval.

Te fâcherais-tu contre une huître ?

Économise tes colères pour tes moments de solitude et puis, soigneusement, transforme-les en énergie.

Les parents.

Ils ont mis quinze ans et neuf mois pour faire de leur fils ce qu'il est et ils voudraient qu'en trois semaines tu en fasses un enfant modèle.

Si ces quelques-uns que tu auras « amélioré », une fois sortis, se conduisent mal, c'est, penseras-tu, que le reste du monde est à rééduquer.

Ce qui n'est pas si mal penser.

Tâche à laquelle d'autres que toi, et qui étaient Dieux, ont failli renoncer.

Garde-les vivants. Si la vie, pour eux, c'est voler, c'est taquiner, c'est démolir, cherche tout simplement à ces verbes des compléments directs ou indirects qui feront insensiblement dériver leur force dans des actes avouables et utiles.

MON PREMIER est obéissant. Mon deuxième est obéissant. Mon troisième est obéissant. Mon quatrième est pervers. Et mon tout est une belle bande de cambrioleurs.

IL A PEUR des chiens. Il a horreur de la pluie. Il craint le vent. Il a toujours froid et s'inquiète lorsque le repas tarde de cinq minutes.

C'est un petit vagabond.

QUE TA SYMPATHIE pour ceux-là qui te ressemblent, parmi eux, ne t'empêche pas de comprendre les autres.

TU PERDS de l'argent.

T trouve deux francs et les garde.

V trouve cinq francs et te les rapporte.

Et moi je te dis que tu auras bien du mal avec V.

NE CROIS PAS proche de sa « sortie » celui qui vole à l'un pour donner aux autres.

Si tu te mêles d'esthétique et de morale pure, tu es un dangereux égoïste et tu ne fais pas ton métier.

QU'ILS soient « comme tout le monde » – et Dieu sait si le monde est laid – voilà, voilà ton idéal.

ILS T'ÉTONNERONT : somme toute, bien plus proches de Pasteur que de l'huître.

NE LES LÂCHE PAS avant qu'ils aient pris, de l'atmosphère que tu as créée, tout le bien qu'ils pouvaient prendre.

Mais lorsqu'ils y sont trop à l'aise, hâte-toi de t'en séparer.

Pour avoir un exemple à montrer aux autres, tu risques de laisser pourrir les plus beaux fruits de ta récolte.

POUR TE CONSOLER.

Si tu réussissais, tu serais plus fort que la bêtise.

IL ÉTAIT UN ÂNE, adulte depuis quelques années et maître d'école de son métier, qui battait souvent les jeunes agneaux parce que leurs oreilles ne poussaient pas assez vite.

À côté de lui un vieux géranium apprenait à de jeunes bleuets comment ils devaient rougir.

Attelé au même travail un vieux merle enseignait à de jeunes chouettes les secrets du bien-chanter.

Et ce Centre de rééducation était célèbre dans le monde entier pour l'excellence de ses méthodes, sinon pour l'efficacité des résultats obtenus.

Il était un cœur d'enfant, peuplé de bonnes intentions, vivantes, discrètes, et un peu difformes, comme un peuple de nains dans une ancienne forêt ;

Un adulte vint à passer, qui psalmodiait d'une voix grave des bons conseils et des chapitres de morale.

D'avoir seulement entendu leur nom éructé par cette voix sonore, tous les petits nains sont morts de peur.

Adultes, soyez moins bruyants.

Attends la grande fatigue qui te viendra un soir, avec l'envie de te moucher comme le font les chevaux et le désir de marcher vers l'horizon jusqu'au pays des enfants sains, nobles et harmonieux, dodus et bronzés par le soleil.

Le lendemain, tu seras là une heure plus tôt que d'habitude en manière d'excuse.

Une vache accoucha d'un veau à cinq pattes. Le fermier, chaque fois qu'il passait par l'étable, donnait quatre ou cinq coups de bâton sur la patte supplémentaire.

La fermière voulait envoyer le veau au catéchisme pour qu'il y apprenne qu'une patte en trop est un bien vilain défaut.

La fille aînée amenait ses amies qui s'esclaffaient ou prenaient une petite mine dégoûtée.

Ainsi font – font – font bien des maisons d'éducation !

Son père a déjà passé huit ans en prison ; sa mère, deux ans à l'hôpital et il voudrait encore, ce petit exigeant, que la société s'occupe de lui.

MIEUX vaudrait peut-être avoir auprès des enfants malheureux de vieux bagnards parés du titre d'éducateurs que certaines « âmes » de bonne volonté.

Car si les uns peuvent dégoûter du vice, les autres dégoûtent de la vie honnête.

ILS VIVENT à neuf dans deux pièces. Le père est toujours malade et la mère attend toujours un autre petit frère.

L'aîné est arrêté pour mendicité. Il t'est confié. Tu lui fais la morale.

Tu pourrais aussi offrir au père des gants de pécari et à la mère un onglier d'ivoire.

IL ÉTAIT UNE petite sardine qui ne savait pas nager. On la mit dans une boîte, bien calée entre deux autres. Comble d'attention, on ajouta un peu d'huile.

Qu'elle était heureuse, la petite sardine !

Elle vieillit de trois ans. On ouvrit la boîte. Mais personne n'essaya jamais plus de la faire nager. Car il s'agissait d'une petite sardine et non d'un enfant délinquant.

UNE NATION qui tolère des quartiers de taudis, les égouts à ciel ouvert, les classes surpeuplées, et qui ose châtier les jeunes délinquants, me fait penser à cette vieille ivrognesse qui vomissait sur ses gosses à longueur de semaine et giflait le plus petit, par hasard, un dimanche, parce qu'il avait bavé sur son tablier.

IL Y A les hérédo-tuberculeux, les hérédo-alcooliques et les hérédo-malheureux.

IL Y A trois fils qu'il faudrait tisser ensemble : l'individuel, le familial, le social.
Mais le familial est un peu pourri, le social est plein de nœuds.
Alors on tisse l'individuel seulement.

Et l'on s'étonne de n'avoir fait que de l'ouvrage de dame, artificiel et fragile.

CERTAINS qui font ce métier, le nôtre, croient en Dieu ; d'autres ont foi dans les hommes.

QUAND tu auras passé trente ans de ta vie à mettre au point de subtiles méthodes psycho-pédiatriques, médico-pédagogiques, psychanalo-pédotechniques, à la veille de la retraite, tu prendras une bonne charge de dynamite et tu iras discrètement faire sauter quelques pâtés de maisons dans un quartier de taudis.

Et en une seconde, tu auras fait plus de travail qu'en trente ans.

SI TU ES pour si peu dégoûté du métier, ne t'embarque pas sur notre bateau car notre carburant est l'échec quotidien, nos voiles se gonflent de ricanements et nous travaillons fort à ramener au port de tous petits harengs alors que nous partions pêcher la baleine.

C'EST un métier d'enfants, c'est un métier d'apôtre, un métier d'ajusteur ou mieux de repasseuse.

Et les plis sont tenaces au corps et à l'esprit des enfants sur lesquels a pesé, de toute sa masse inerte, une société d'adultes bien indifférents.

FIN

Les vagabonds efficaces

et autres récits

Préface

En ce temps-là, nous étions adolescents.

Hier orphelins, les plus orphelins de la terre, maintenant redevenus enfants, ensemble, dans des maisons qui nous réapprenaient à vivre. Nos éducateurs n'en étaient pas vraiment. Échappés des égouts du ghetto de Varsovie, juifs allemands et intellectuels sans identité, comme nous ils attendaient le retour à la normale pour se confondre aux autres. Nous, nous les aimions bien. Ils ne nous enseignaient rien ou si peu. Ils nous faisaient adolescents en se refaisant eux-mêmes adultes et nous attendions autant d'eux qu'eux de nous, nous nous savions presque égaux. Parmi nous certains poursuivaient leurs études, d'autres travaillaient. Ces maisons d'enfants se vidaient le jour pour s'emplir le soir de chorales, de conférences, de répétitions théâtrales, de comités de gestion et de meetings. La nuit, nombre d'entre nous collaient des affiches : contre la guerre d'Indochine, qui commençait déjà ; pour les grévistes et, les samedis et les dimanches, tous nous partions en auto-stop, vivre un ailleurs que nous transportions dans nos sacs à dos, en auberge de jeunesse.

En ce temps-là, les auberges de la jeunesse n'étaient pas des hôtels.

Relais installés grâce aux sacrifices de petits groupes locaux d'« ajistes » sans argent, dans la grande banlieue parisienne

sans grands ensembles, ou propriétés cossues de vichystes expropriés quelques mois par malentendu – la Libération, ce n'était tout de même pas la Révolution –, elles accueillaient régulièrement des milliers de jeunes, employés, ouvriers, étudiants qui les transformaient, quarante-huit heures chaque semaine, en phalanstères. Garçons et filles faisaient « colo », mettaient tout en commun, nourriture et rêves, chantaient la révolution, préparaient les caravanes ouvrières que les plus lucides d'entre eux – qui n'étaient pas encore devenus les présidents-directeurs généraux bouffis de clubs de tourisme, de sociétés d'achat ou de retraite mutuelle – voyaient pour l'avenir du mouvement militant de loisir des auberges de la jeunesse.
C'est dans une AJ de la région parisienne – était-ce à Mantes ou bien à Taverny ? – que nous rencontrâmes Fernand Deligny. Nous, enfants des maisons d'enfants, nous connaissions déjà l'auteur de *Graine de Crapule*. Ses « Conseils aux éducateurs qui voudraient la cultiver », dès 1946 quelques-uns de nos moniteurs, ajistes comme nous, les faisaient circuler. Nous en appréciions alors doublement les formules à l'emporte-pièce : parce qu'elles disaient juste ce que nous ressentions confusément en tant qu'enfants « inadaptés » – le mal de vivre – et parce qu'en même temps elles parlaient de nous à des éducateurs mais de notre côté, avec nous. Et les « conseils » de Fernand Deligny, nous les avions tous au cœur où nous les placions au même rang que les poèmes de Prévert, dont nous faisions des chœurs parlés. « Bandit, voyou, voleur, chenapan – c'est la meute des honnêtes gens – qui courent après l'enfant… » formait écho à des expériences vécues par nous, chapardages, emprunts irréfléchis ou vol à la tire, nous savions l'entreprise d'un de nos camarades, cambriolant avec les onze membres de sa bande, à 18 heures, une bijouterie près du métro Saint-Paul. Deligny parlait notre langage :

« Si tu es instituteur, va te faire refaire. Tu crois à l'efficacité de la morale psalmodiée et, pour toi, l'instruction est chose primordiale.
« Si tu viens travailler avec moi, je te donnerai les diplômés et je me garderai les illettrés.
« Et nous en reparlerons au moment de la moisson.
« L'instruction est un outil je te l'accorde, indispensable si tu veux.
« Nous, ce qui nous intéresse, c'est celui qui s'en servira… »

Nous nous en amusions aussi parce qu'ils brisaient sèchement, comme chez Jacques Prévert, l'œuf dur du petit matin sur le comptoir de zinc, le miroir bien lisse du catéchisme pédagogique de bonne volonté. La vérité était à tiroirs.
« Voilà : tu donnes un billet de cent francs à un fugueur et tu l'envoies à la gare chercher un billet de chemin de fer. Il revient essoufflé en te rapportant la monnaie ;
« — "L'ai-je bien rééduqué ?"
« Trois jours plus tard, ton cobaye pendant la nuit démonte une fenêtre et disparaît pour un certain temps.
« J'espère que tu diras :
« — "Bien joué".
« Et que tu réserveras tes expériences pour les souris blanches… »
Car le noir n'était plus tout à fait noir chez Deligny ni le blanc totalement blanc.

À l'auberge de jeunesse – de Taverny ? – Fernand Deligny nous expliqua ce qu'il attendait des groupes ajistes de la région parisienne. *La Grande Cordée*, qu'il venait de créer, cherchait à mettre en place un réseau de séjours d'essai. Les pères aubergistes, animateurs permanents des auberges, prendraient en charge pour une « cure libre » des enfants caractériels graves, des psychotiques, tous rebelles aux traitements habituels. Deligny estimait que hors du climat contagieux des asiles ou des maisons spécialisées, ils avaient des chances de s'en tirer ; de trouver après quelques essais, des expériences successives, ce qui les accrocherait à la vie. La présence d'adultes « normaux » devait les sécuriser. Choisissant des ajistes, c'est-à-dire prenant pour rééducateurs des mal adaptés à cette société, sa thérapie ne visait pas la simple récupération de délinquants en rupture de ban. Sa chimie pédagogique pouvait produire tout autant des contestataires politiques. Car Deligny ne renonçait pas à ses convictions politiques, ce n'était pas un éducateur « neutre ».

Ce jour-là, il ne nous parla ni charité, ni pédagogie, ni bonnes œuvres mais solidarité ouvrière. Il se trouvait tout naturellement que les laissés pour compte venaient surtout des milieux populaires. Les groupes ajistes de base, qui géraient directement leur foyer, les parraineraient. À plus long terme, il fallait multiplier le nombre des couples, instituteurs, employés, ouvriers, petits artisans qui prolongeraient et relaieraient la première intervention, guideraient l'enfant dans sa vie active, jusqu'à ce qu'enfin il devienne autonome.

L'expérience se développa en 1948. À Paris *La Grande Cordée* se présentait comme un centre d'aiguillage, distribuant ici un récidiviste de l'escalade armée, là un aventurier en mal d'émotions fortes. Placés parfois en province, en milieu complice, des reconversions s'opéraient. Nous y assistions. Puis nous officiâmes, à quelques camarades, dans nos nouvelles fonctions. Aux Baux – qui n'était pas encore devenu centre international de tourisme – près de l'atelier de tissage manuel, des pris en charge par *La Grande Cordée* séjournaient que nous rencontrions. Mais les temps avaient changé ; tôt émancipés de nos maisons d'enfants sans argent, apprentis placés, nous finissions par envier ces « inadaptés » dont les adultes continuaient de s'occuper alors qu'à leur âge, nous devions voler de nos propres ailes.

Quelques-uns d'entre nous franchiront le pas, deviendront éducateurs avec Deligny. Nous lirons plus tard l'envers de la médaille, la fuite du monde, le moyen de prolonger l'état d'avant l'« entrée dans la vie ». Devenir éducateur sublimait notre situation d'enfants en maison. Quelques autres hésiteront : la maison d'enfants, la colonie de vacances formaient des havres de paix où des rapports fraternels pouvaient être noués ; une vie quotidienne plus humaine vécue. Ils seront éducateurs bénévoles, durant leurs loisirs, croyant trouver, dans des mouvements d'éducation populaires ayant pignon sur rue, les fondements libertaires développés par Deligny. Comme pour partie d'entre eux, ils y seront effectivement, il nous faudra du temps pour saisir le rôle qu'on les y fait jouer. Je comprendrai plus tard que, même lorsqu'elle veut se donner pour révolutionnaire, l'institution pédagogique tend peu à peu à se muer en son contraire au nom du sacro-saint principe de réalité. Elle peut, sans heurts graves, développer deux types de discours : à sa base pour ses militants en faveur de la liberté, sous toutes ses formes reconnues jusques et y compris la dynamique de groupe, l'anarchie spontanéiste ; au sommet pour le renforcement de son pouvoir bureaucratisé. Leur coexistence suppose la préservation de l'essentiel : de l'institution en tant que telle. C'est au sommet que s'établissent les rapports avec les officines du pouvoir, dispensatrices de visas, autorisations, fonctions, subventions moyennant le respect du terrain, fixé par elles, des attributions, bref : de la finalité pédagogique.

De ce point de vue, Fernand Deligny « échouera ». Aujourd'hui aucune institution ne « continue son œuvre », pas de centre-pilote qui lui soit confié ni méthodes reconnues (d'utilité publique ?). Or sa pratique pédagogique n'a rien à envier

à d'autres, au contraire, ce qui montre que ce n'est pas sur ce terrain que les choses se jugent.
En 1936, Fernand Deligny, instituteur à Paris, à Nogent puis à l'Institut médico-pédagogique d'Armentières, tente d'utiliser l'expression par le dessin, le jeu mimé, l'alphabet-geste, le récit improvisé collectivement dans des classes de perfectionnement. Il s'agit déjà pour lui de donner une parole qui ne soit pas forcément mot à ceux qui en sont totalement dépourvus. Puis en 1941, il travaille à l'hôpital psychiatrique d'Armentières dans un pavillon où vivait le mélange habituel en ces lieux d'adolescents psychotiques, d'arriérés pensifs et de délinquants pour la plupart expertisés pervers ou inéducables. Ce qu'il raconte sur cette période dénote déjà un bien mauvais esprit : les « fous », pris dans l'exode de mai 1940 vers la mer, avaient été bombardés et mitraillés. On s'apercevra, au retour à l'Asile, qu'il y a des disparus. Des mois, des années plus tard, on aura des nouvelles de certains de ces disparus, des nouvelles stupéfiantes pour l'Administration et même pour les médecins-chefs. ILS vont bien. Personne, dans leur nouvel entourage, ne s'est aperçu qu'il s'agissait de chroniques dont la Société se protégeait depuis dix ans et plus par des grilles, des sauts-de-loup et des portes de sûreté et qui étaient promis à la Morgue interne si la guerre mondiale n'était pas intervenue dans leur propre histoire. C'est là, dit souvent Deligny, qu'il a appris ce qu'il sait de psychiatrie, dans ce Pavillon 3 dont il décrira certains pensionnaires dans un livre écrit en 1942. C'est là que s'opère, grâce aux « gardiens » eux-mêmes, une modification radicale du « milieu » asilaire : suppression des sanctions, création d'ateliers d'activités manuelles, équipes de sport, sorties libres. En 1943 il ouvre un foyer : « ON m'avait demandé si je voulais organiser, sur le plan régional, la prévention à la délinquance juvénile. Faute de bâtiments, pendant la fin de l'occupation, j'avais eu l'idée d'installer un petit réseau de foyers de

prévention. Dans les vieux quartiers de Lille et des environs, nous avons occupé des maisons décrétées inhabitables. Les gamins en trop y étaient chez eux. L'adulte y était rare et l'éducateur plus encore. Dans les semaines qui ont suivi la Libération, ON m'a donné une vaste villa dans la banlieue noble alors que j'avais demandé un vaste coin, dans les remparts, qui s'appelait la Solitude et c'était là qu'avaient lieu quasiment tous les crimes… si on me l'avait donné, j'y serais encore… ». L'expérience du Vieux Lille marque un tournant : les « éducateurs », auxquels Deligny fait appel, ce sont les voisins : les mêmes qui portaient plainte quelques mois auparavant contre les voyous. Deligny a créé une situation où le milieu social se prend en charge : le pédagogue spécialisé, charriant toutes les scories de la morale, n'a plus à apporter sa médiation.

C'est le Centre d'Observation et de Triage de la Région du Nord – un centre « ouvert » : on entre, on sort – qui occupera la villa réquisitionnée pour les officiers de l'armée américaine. Deligny en décrit les aléas dans *Les vagabonds efficaces*. Dès 1945, il y reçoit toutes sortes de racailles : délinquants simples qu'il s'efforce, avec la rare complicité de juges pour enfants, d'arracher à la prison, caractériels, fraudeurs précoces du marché noir dont le tort premier est de s'être fait prendre, fugueurs, ex-apprentis S.S. Mélange détonnant : les évadés des maisons de correction voisines donnent à l'ensemble la coloration du milieu. Certes ces visiteurs-là déteignent sur le Centre. Moins que le contraire car le plus souvent, renvoyés dans leurs centres habituels de « rééducation » – sabots de bois, crânes rasés, uniformes bleus, et même – odieuse survivance ma chère, comment dieu est-ce encore possible ? – la raclée, ces visiteurs emportent avec eux des idées qui feront leur chemin. En 1952, les éducateurs du centre de délinquants des Baumettes, dont la prison majeure portait en bas relief de significatives allégories sur les sept péchés capitaux, ou de

rééducation de Voiron, d'Aix-les-Bains-Chambéry, de Salon, de Lèves-Chartres, parlaient encore de Fernand Deligny dont ils voulaient imposer les idées, les pauvres.
Puis il y aura *La Grande Cordée*. Le récit publié dans ce livre parut en 1950 dans la revue *Vers l'éducation nouvelle*, avec une préface du docteur Le Guillant, médecin psychiatre qui, avec Henri Wallon s'intéressait à l'entreprise et acceptera de la patronner lorsque Deligny se lancera à la conquête d'un statut officiel. Parallèlement aux séjours d'essai dont le principe, suivant le Dr Le Guillant, consistait à aider l'adolescent à découvrir « l'activité concrète, les conditions affectives, le mode de vie qui lui conviendront », *La Grande Cordée* s'adjoint une consultation médico-pédagogique pour enfants d'âge scolaire. En cheville avec la Mutuelle de la RATP, il s'agissait d'éviter le placement d'enfants dont les parents, venus de la Lozère, ou de l'Aveyron, se retrouvaient au volant d'un bus ou dans les couloirs du métro, la pince à trous à la main, cependant que le gamin tournait mal dans les environs immédiats d'HLM. De faire en sorte que les parents se rendent compte que la cause du mal ne se trouvait pas dans l'enfant, même s'il ressemblait par le nez ou les oreilles à un oncle mort fou, mais dans tout ce « reste » que les parents subissaient : horaires de travail invraisemblables, hargne de la grand-mère déplantée dans sa cuisine trop petite, solitude effarée dans le halo de bruits de la capitale. Et il arrivait que l'enfant, délivré de son statut de « mauvais esprit » reparte sur un autre pied.

À cette époque, la position de Fernand Deligny est intenable. Communiste, ses relations avec le Parti se tendent de ce qu'il ne produit pas le catéchisme pédagogique qu'une telle appartenance doit susciter. Le manichéisme stalinien de règle contredit sa pratique quotidienne : Deligny n'aura jamais d'indulgence pour le boy-scoutisme, même rouge, l'enrégimentation des enfants même lorsqu'il se justifie par la « bonne cause » qu'il servirait.

Assistant social il lui faut tout de même une raison sociale. Il n'a pas la souplesse nécessaire pour l'obtenir : ces histoires de contrat avec la sécurité sociale ou avec les allocations familiales, de prix de journées, de conseil d'administration le hérissent. Il me l'expliquera plus tard dans une lettre, au moment de la parution d'*Adrien Lomme*, en 1958 :

« L'enfant "anormal" dont je raconte la vie, est aux prises, comme la plupart de ses semblables, avec l'œuvre charitable-château-maison d'enfants, le scoutisme d'extension et la psychiatrie abusive. Parmi toutes les manières qu'une société peut étaler pour camoufler sa malfaisance vis-à-vis des enfants mal partis, l'œuvre charitable, le scoutisme et la psychiatrie abusive sont les plus courantes. Ces trois malencontreuses marraines de l'enfant difficile font que famille, instituteurs et braves gens se laissent, en toute bonne foi, dérober leur part de responsabilité. Ils croient abandonner une tâche difficile pour qu'elle soit confiée à des mieux qualifiés qu'eux. Et c'est là que commence le triste cirque que je veux décrire, cirque dans lequel les clowns de bonne foi et de bonne volonté ne manquent pas… » Or les conseils d'administration ne sont précisément composés que de ces trois catégories d'individus : les âmes charitables, les scouts plus ou moins en uniforme et les psychiatres abusifs. Ce sont eux qui permettent d'obtenir les subsides comme si, rassurés de les trouver là, les « pouvoirs publics » en faisaient une monnaie d'échange. Deligny n'en veut pas.

Éducateur enfin, Deligny doute de la pédagogie, des pédagogues et de tous ceux qui aiguillonnent la pédagogie : psychologues, psychosociologues, etc. Pas de spécialistes. Il leur préfère, on l'a vu, n'importe qui : groupes, mouvements. Il écrira une phrase que le Dr Le Guillant relève : « Il y a ceux qui disent : montre-moi ton Rorschach, je te dirai qui tu es… » Cette phrase est interprétée comme refus de la science, de la psychologie. Elle semble opposer le pragmatisme à la connaissance scientifique. Le Dr Le Guillant n'en est pas dupe, qui refuse cette opposition. En vérité Fernand Deligny avec une intuition étonnante, puisque son opposition sera l'un des chevaux de bataille des contestataires de Mai 1968, ne dispute pas de la valeur de la science en tant que science (dans les consultations du centre médico-pédagogique, on ne méprise pas les tests de Rorschach : une technique parmi d'autres qui fixe, à une étape donnée, un jalon, sans plus) mais de son usage et le chemin qu'on lui trace et qu'elle suit et qui finit par l'enliser. Le psychologue, le psychosociologue deviennent des sortes de flics dont la science, comme celle de ce psychanalyste à la mode à l'heure où ces lignes sont écrites, qui explique le mouvement étudiant par la révolte contre le père, doit renforcer l'ordre établi. À tout le moins, la question d'une science bourgeoise demeure ouverte mais une chose est sûre, l'usage bourgeois de certaines sciences.

À l'époque de Deligny, époque de découverte, il n'était pas rare de voir des « psychotechniciens » lire dans les Rorschach, comme dans le marc de café, l'orientation professionnelle des adolescents qu'on leur livrait. Deligny sait que pour mesurer le quotient intellectuel d'un arriéré, d'un débile, les tests sont peut-être utiles. Mais il ne s'y arrête pas.
Au cours des meetings qui avaient lieu alors autour des thèmes de l'enfance malheureuse ou difficile ou en danger, soutenu par l'amitié d'Henri Wallon, confronté à la tribune avec des « spécialistes » et des officiers supérieurs de l'Armée du Salut, il disait que « les enfants difficiles sont à une société ce qu'une bûche de bois vert est à un poêle à bois. Si le poêle ne tire pas, ça fume et des experts se précipitent pour tester la bûche, mettre en équation sa teneur en humidité et autres détails "scientifiques" expliquant bulles, bave et chuintements

dont on ne se serait même pas aperçu si la cheminée était bien orientée ».

Ce triple non-conformisme : politique, institutionnel, pédagogique lui sera fatal. *La Grande Cordée* agonise et Fernand Deligny avec elle. Je me rappelle encore la déroute. Nous allions, une dizaine dans une vieille voiture, vers Mantes, rechercher Annie, une amie qui avait participé à l'aventure. Nous trouvâmes dans un petit bois de vieux baraquements humides, à moitié pourris, abandonnés, désertés, ouverts aux quatre vents. Il ne restait rien. Déserter, ce mot comporte un jugement, Deligny nous dirait qu'il ne faut pas le craindre. Il était parti rejoindre, dans le Vercors, ceux de *La Grande Cordée* qui ne pouvaient ou ne voulaient pas tenir debout tout seuls. Une quinzaine de « déficients » campaient aussi haut qu'ils avaient pu monter. La grande tente blanche, quelques milliers de francs et c'est tout : pas de moniteurs ni d'éducateurs. Quand Deligny est arrivé, des semaines plus tard, les paysans du coin qui, il est vrai, en avaient vu d'autres, lui ont dit que la petite bande, là-haut, avait fait moins parler d'elle qu'une colonie de vacances dûment encadrée. Et puis les plus délurés se sont mis à projeter *Tempête sur l'Asie* partout où ils voyaient plus de trois maisons groupées. Après le Vercors, la Haute-Loire. La trace de cette période-là, on la retrouve dans un article paru dans *Vers l'Éducation Nouvelle* – « La caméra, outil pédagogique ».

Ensuite, autre étape, dans l'Allier, autour d'un « débile profond » qui va devenir le personnage d'un film tourné pendant trois ans, document public par lequel Deligny veut transmettre par l'image et le son ce que ses proches et lui ont pu percevoir de la réalité d'un « idiot », *Le moindre geste*.
De l'Allier aux Cévennes, la même recherche se poursuit, celle d'un « milieu » dont la position prise puisse intervenir utilement dans l'histoire toute tracée de ces enfants.

Que veut dire : désirer qu'un enfant psychotique ne le soit plus ? Cette devinette qui, sous une forme ou sous une autre, hante ceux qui sont en fonction de « soignant », Deligny la récuse. Il m'écrit dans une lettre qui préparait l'édition de ce livre :

« Pour moi, s'il m'arrive d'être efficace dans ce qu'on appelle l'évolution d'un cas, c'est que mon objectif réel n'est pas l'évolution de ce "cas"-là, mot que je préfère écrite "gars" ou "gamin" ou "pote" ou "l'autre-là", mais de prendre l'institué par où je peux pour lui mettre le nez dans sa Chose, pour lui dégonfler un peu la bedaine à prétention, le faire se tracasser sur la valeur de son petit capital d'idées toutes faites avec ses liasses de mots en "ité" en "isme" et en "ion". Dans cette guérilla, les délinquants, les caractériels, les débiles vrais ou faux, sont des alliés étonnants, doués d'un flair qui me surprend toujours. Qu'ils aient un inconscient, voilà qui va sans dire et si je ne m'en préoccupe guère, c'est qu'il me faut regarder ailleurs, occupé que je suis à dévoiler les roueries et la perversité innée de cet institué qui a la parole, pour ne pas dire qu'il l'est. »
« Les délinquants et caractériels et débiles légers excellent dans les combats d'avant-garde. Ils s'enthousiasment et s'emballent et ils se font prendre : ils sont "réadaptés" ! on les retrouve casés. Avec les psychotiques graves et les arriérés profonds, c'est une autre affaire. Il faut, avec eux, s'avancer plus profond en soi-même et s'apercevoir que l'arsenal de l'institué, sa puissance, sa permanence, ses tours de guet et ses radars sont en chacun de nous. Il est là, l'institué, solennel et puissant par le besoin que nous en avons et dont certains prétendent qu'il est l'homme inné, ce que je mets en doute… »

S'il renâcle chaque fois qu'on lui parle de méthode, c'est que « toute méthode, tout système efficaces dans le moment de leur découverte, une fois décrits, livrés, ne font que renforcer l'institué, quel qu'il soit ».

Et pourtant il écrit :

«… Dans ce que je raconte, il y a deux parts : celle que je retrouve ici ou là, traduite en termes de bonne volonté et de réadaptation sociale, châtrée comme il se doit de l'essentiel qui est dans l'autre part que je m'acharne à nommer, à rebaptiser sans cesse : les circonstances, l'imprévu, le n'importe quoi, l'inédit, l'ailleurs, entêté à trouver le mot propre qui ne se laisse pas mettre en loi, en service, en statut comme il est arrivé à tant de maîtres-mots, un mot simple qui rappelle sans cesse que l'homme est affaire d'imagination créatrice et non référence à des lois et que le créateur, le père et tout le reste, c'est n'importe qui, c'est l'autre et c'est moi… ».

Et encore :

«… Pour moi, l'endroit compte beaucoup et c'est peut-être par nostalgie de ces remparts autour de Lille où j'ai glané ma "position" libertaire que j'en suis là, dans ces vagues de pierre des Cévennes, avec une demi-douzaine de gamins qui n'ont pas la parole – ILS ne l'ont pas du tout, alors que nous on croit l'avoir. L'un d'entre eux, toutes les dix minutes, gonfle son ventre énormément. Nous l'avons appelé Cornemuse. Et puis, par le gosier et le trou du cul, en se dégonflant, IL fait entendre La Marseillaise. Nous l'avons nommé Président. À part ça, Président Cornemuse ne dit rien, strictement rien, pas un mot. Sa main sans objet se crispe. IL chie, tout debout, face à l'histoire… »

Aujourd'hui, tout debout, face à l'Histoire pédagogique, sans pignon sur rue ni siège social ; sans bureau ni buste – pas de centre-pilote qui lui soit confié – Fernand Deligny continue presque seul. Les « équipes de prévention », la « rééducation en milieu ouvert », les « groupes thérapeutiques » lui doivent tout ou presque. La méthode pédagogique Deligny n'est pas transmissible, elle n'existe pas. Deligny pourtant, il existe une position Deligny, qu'il trace dans *Les Vagabonds efficaces* :

« Tout effort de rééducation non soutenu par une recherche et une révolte sent par trop rapidement le linge des gâteux ou l'eau bénite croupie. Ce que nous voulons, pour ces gosses, c'est leur apprendre à vivre, pas à mourir. Les aider, pas les aimer… »

D'autres adolescents, comme nous hier, reconnaîtront en cet homme, un camarade, un frère qui veut les aider à vivre.

ÉMILE COPFERMANN
(janvier 1970)

Pavillon 3

JEAN-GEORGES RENÉ TECK est étendu dans l'herbe, sur le talus du chemin de halage. La musique qui suinte du café *À l'étoile d'or* l'exalte, souvenir d'une foire lointaine dans le temps où une foule douce, toujours renouvelée, coulait autour de lui sans le meurtrir et sans l'emporter.

Lorsque la saison s'y prête, le talus, le long du canal, vaut une maison et l'eau, que l'on croirait fort occupée à circuler d'une écluse à l'autre, apporte des jouets.

Trois grandes péniches vides viennent de s'arrêter, parce que le soir est proche, le long de la berge. René Teck regarde leur grand corps de bois frotté de goudron. La première est *Marie-Claire*, la troisième est *Dunkerquoise* ; de la deuxième, on ne peut pas lire le nom. Toutes les trois ont un nez plat de grosse bête stupide. Elles n'avaient, pour les conduire, que six hommes qui, aussitôt touchée la terre du chemin de halage et nouée à de vieux troncs la corde qui retient leur péniche contre l'herbe, sont partis vers la ville sans regarder autour d'eux.

René Teck s'est assis, impatient. Il va falloir attendre la nuit. Les sirènes hurlent neuf heures : de l'eau, fument des petits panaches de brume blanche. Pour rejoindre la maison, il faudrait suivre les rues enchevêtrées l'une dans l'autre, pleines d'enfants qui, malgré leurs cheveux raides et leurs cris sauvages, sont fidèles à leur quartier et ne connaissent qu'un terrain d'aventure.

Les sœurs Teck ont la charpente très apparente comme sont construites les chèvres. Le père est cheminot et les filles ont la peau rougie par le froid qui court sur les voies. Elles ont les mains rouges et carrées. Elles ont toujours l'air assises sur un tas de cailloux, et giflent volontiers de leurs mains épouvantables.

René les hait. Il sait que, plus tard, il pourra leur faire beaucoup de mal. Il attend. Il les évite.

À la maison, il est le petit frère, aussi peu à l'aise dans ce rôle que dans ses vestes d'il y a trois ans.

Dehors il a déjà usé une bonne existence d'homme, fertile en abandons, en projets, en courtes réussites et en renoncements. À la maison, il lui semble que ses culottes sentent encore le pipi. Il a envie de pleurer lorsqu'il reçoit une grande gifle. Une sœur, quelquefois, vient l'embrasser au lit. Teck, pour se disculper de n'avoir pas crevé un œil à cette grosse tête qui s'est penchée vers lui, évoque l'incendie de ces trois meules de blé qui n'en finissaient pas de cracher des étincelles, au bord des champs. C'est lui, tout seul, qui a mis le feu aux meules. Il pense, avidement, à la petite Lambe qu'il a estropiée patiemment, en lui jetant des cailloux dans les jambes. La petite Lambe boite toujours et pourtant il y a des mois que son genou n'est plus enflé.

La ville est vaste, ses rues multiples : il n'y a qu'à cueillir les occasions de faire du mal. Ce soir, les trois péniches sont là. La corde qui retient *Marie-Claire* à la rive est vigoureuse. René l'attaque à petits coups de couteau, comme il sculpterait dans du bois dur ; il grignote la corde ; les fibres, soulagées de leur effort, s'écartent, dès que tranchées. René continue à gratter, du bout de la lame ; sa main vibre du tremblement de la corde ; son bras vibre ; sa poitrine vibre ; sa tête vibre. Il a déjà senti ce tremblement dans ses jarrets quand il se masturbait.

La corde se rompt. Délivré, René sent une douleur couler de son poignet à son épaule fatiguée : un flux de salive envahit sa bouche. Il essuie son front où coule la sueur.
Maintenant, reste à pousser la péniche dans le courant. La grosse péniche est morte : l'eau du canal est morte : la nuit est morte. Seul René vit. Il s'arc-boute mais la péniche est lourde et la nuit devient froide. Sans cette péniche stupide, il serait déjà couché.
« La nuit guette !!! » pense brusquement René, et il se met à courir, le souffle court. Il est minuscule et pâle dans la nuit qui cerne la ville.
Tout à l'heure, dans sa maison, roulé dans ses draps, déjà engourdi, il se sentira le centre de la ville et de la nuit et puissant comme une larve dans la chair d'un arbre.

Les deux chèvres se sont trouvées chacune un amoureux. Elles savent pourquoi elles rient. Elles savent pourquoi elles chantent. Elles savent pourquoi demain leur semble un bien brave homme de jour avec lequel il fera bon vivre une vingtaine d'heures.
Pour René voilà la migration qui va enlever le gibier vers d'autres cieux et rendre vains les guets prudents et les longs sommeils de patience.
Déjà, dans la maison, l'air n'est plus le même. Les chambres et la cuisine n'ont plus la même odeur. Les fenêtres prennent une place démesurée.
Le petit Teck suit à la piste ses deux sœurs et un dégoût lui vient de ces deux grands garçons qui leur touchent les mains et leur embrassent la bouche. Il sent son admiration pour tous les garçons de vingt ans tourner à l'aigre.
Rejeté au rang de petit frère, il assiste aux amours de ses sœurs.
Dimanche, à la kermesse, il est entré dans la bande. Les types lui ont payé cinq balles au tir. Dans la chenille qui tourne en

mugissant, pendant que se fermait la capote de toile, il a vu les mains d'Émile se crisper, impatientes, sur la jupe de la plus vieille. Il a bu de la bière. Il a mangé des gaufres.
Dépeignées, les yeux brillants, les deux grandes filles, en sueur, riaient en se secouant à toutes les musiques. D'abord enchanté de leur laideur qui les rendait, à ses yeux attentifs, aussi singulières que les lamas du Turkestan, René s'aperçut que, par un charme inexplicable, il était le seul à les voir telles qu'elles étaient. Comment expliquer autrement les baisers dans le cou qui les faisaient hoqueter de joie et les mains qui caressaient leurs hanches pointues ?
Alors il a poussé la plus jeune, d'un coup d'épaule, sur la piste où tournaient les petites autos. Voilà : quelques maigres cris ; un visage pâle, des yeux fermés qui laissent couler des larmes inutiles ; des gémissements qui semblent à René saugrenus et délectables, dans ce grand bruit de foire comme un air de flûte dans le vacarme d'une tempête. Les deux chèvres, l'une portée par l'autre, sont parties vers la maison. René continue la fête avec les deux types gênés par cet accident.
— Elle en faisait une gueule, ta Nénette ; pas intéressantes, ces gonzesses…
— Avec des guiboles maigres comme elles ont, comment veux-tu qu'elles tiennent debout !
— Dimanche on change de quartier ?
René retrouve le langage des hommes. Il dit :
— Et moi je les connais, hein ? Elles sont dégueulasses : elles se lavent jamais ailleurs que les mains et la figure.
La foire gronde, hurle et claironne autour de René qui, presque endormi entre ses deux compagnons comme au creux d'une barque sûre, savoure la noyade de ses deux grandes garces de sœurs, perdues et coulées pour toujours au cœur de leur type.

Jean-Georges René Teck est au commissariat. La vie du poste, où se remuent à peine trois gros agents, l'intéresse.
Ainsi le meilleur élève du catéchisme serait silencieux, discret et attentif s'il était transporté, en récompense de son travail, dans l'antichambre du paradis.
René caresse de la paume de la main le bois du banc lissé par tant de culottes de voleurs.
« Je suis là pour rien pense-t-il, pour rien du tout », et il se sent un peu honteux d'être assis sur ce banc sans être accusé du moindre crime.
Tout à l'heure, alors que les rues étaient pleines d'enfants en route pour l'école, il avait avisé un petit qui marchait tout seul, les pieds dans le ruisseau comme deux remorqueurs qui fendraient l'eau alternativement. Le petit était en train de mugir gravement quand René l'avait accosté :
— Donne-moi ta carnasse... je vais te la porter.
Le petit avait laissé René prendre sa gibecière. Les larmes au bord des yeux, il avait suivi...
Arrivé dans les remparts, Teck attendait l'autre qui peinait et pleurait, la bouche ouverte et les jambes actives, pour rejoindre ses cahiers, ses livres et son plumier.
Teck dit :
— Alors, tu veux ta carnasse ?
— Oui !! hurla l'autre.
Alors Teck prit la gibecière par la courroie, la fit tourner dix fois en l'air, à bout de bras, pour l'envoyer, en pleine volée, dans la figure de l'autre qui suivait, admiratif, le vol bourdonnant de « ses affaires ».
Le petit fut assommé. Teck, léger, sautant d'un pied sur l'autre, rejoignit l'école dont il aimait l'odeur, les compliments et les punitions.
Lorsque deux agents, deux vrais agents, se mirent de chaque côté de lui à la sortie grouillante de onze heures et demie,

l'encadrant, le mettant en valeur, René dut se mordre les joues pour endiguer une puissante envie de rire.
« Le voilà pris... », pensait-il. Et « le » représentait un bien fameux criminel. « Faudrait que j'aie une gueule à faire peur. »
Le soleil versait sur les murs toute sa lumière. Les passants étaient rares, les bruits lointains : le cortège n'en était que plus solennel. René, encore étonné que la société couronne aussi sérieusement ce qu'il prenait jusqu'alors pour de simples jeux d'enfants, offrait aux yeux curieux une tête fine et dédaigneuse d'enfant prodige.
Le bureau du commissaire est plus sombre encore que la salle où René vient d'attendre. La descente aux cellules commence, où la lumière ne pénètre que par un soupirail, où l'air sent le tabac, les sueurs, les pieds, le cul et le crime.
— Tu sais pourquoi tu es ici ? demande le commissaire.
— Non, dit René.
— Tu as à moitié tué un gosse dans les remparts.
— C'pas moi, et René sourit, tellement il est à l'aise dans ce décor.
— La prochaine fois..., dit le commissaire et il fait un geste de maître d'école qui menace le plafond d'un petit doigt gras.
Alors René s'enfonce sur sa chaise et il dit :
— Et les meules qui ont brûlé... et p'têt aut'chose... Toute façon, j'suis pris.

Jean-Georges René Teck fut conduit en prison. Le couloir d'entrée en était populeux comme un hall de gare et René se retrouva dans un compartiment bondé : sept gamins et sept hommes. Les plus grands crachaient à grands jets et atteignaient, sans les viser, le crâne, le visage ou la main d'un de ceux qui n'osaient rien dire. Le sol de la cellule était couvert de paillasses piétinées. René accroupi contre un mur entendit les rires et eut peur.

Une prison n'est pas une gare. Le soulagement collectif du départ et le sommeil bercé par les cahots ne vinrent jamais. Tenu éveillé par les morsures des puces et par toutes ces respirations voisines qui lui sifflaient dans les oreilles, René, écœuré, au bord des larmes, joignit les mains. Ses lèvres tremblaient. Attendri et confiant dans une bonne volonté toute neuve et toute-puissante surgie de lui-même, il se laissa emmener, comme aux côtés d'une grande dame étrangère qui l'aurait pris par la main, jusqu'au lit où une de ses sœurs venait l'embrasser, jusqu'au jour où, sur les genoux de son père, il s'amusait avec une grosse montre sonore et affairée. Après cette promenade, lorsqu'il entendit les ronflements qui le menaçaient, ignorant les prières, il se mit à marmonner de bonnes résolutions.

L'homme qui vient chercher les jeunes délinquants pour les accompagner jusqu'au patronage ou jusqu'à une maison de rééducation n'a pas à se les attacher, comme les gendarmes font avec les prisonniers.
Ils suivent. Il pourrait se charger d'en transférer trente. Les trente suivraient, comme des rats derrière le charmeur. L'air de flûte, c'est le vent qui le joue et le ciel et les maisons.
Il pourrait leur faire faire dix fois le tour de la ville en passant par les mêmes rues. Leur paquet sous le bras et leurs souliers sans lacets aux pieds, ils suivraient. Mais les enfants de la ville, avides de cortège, marcheraient derrière eux. Et le pauvre homme de gardien avec sa casquette au galon doré ne pourrait jamais plus se débarrasser de son troupeau docile et trier, le moment venu, les bons et les mauvais.
Aussi, prudent, ce gardien-là ne prit que Jean-Georges René Teck pour l'amener au Pavillon 3.
Les jardins en étaient à la saison des roses. Quatre garçons aux gestes de vieux jardiniers balayaient les allées.

Dans la chambre où René fut couché, trois entrants somnolaient. Quelque part, dans une grande salle, des gosses devaient courir et se bousculer en criant. Ce bruit était puissant avec des sursauts brusques et réguliers, comme une courte houle.

Toute détresse disparue, sec et léger comme une coque de noix, René se laisse bercer. Il laisse se fermer sur ses yeux ses paupières aux longs cils.

Sur le lit voisin un grand garçon roux, au corps puissant dans sa chemise toute propre, appuyé sur son coude, le regarde dormir et murmure en se recouchant :

« Quel drôle de gars, dis donc, on dirait une gonzesse… »

Il était une fois un Auguste qui avait un crâne pointu et une face plate sans autre relief, poil ou couleur, qu'une bouche musclée. Ses longs bras pendaient jusqu'à ses genoux.

Il prenait un air de défi lorsque le rire roulait dans le cirque. À ces moments-là, ses petits yeux clignaient, clignaient comme ceux d'un lézard et de ses dents, suintait un sifflement continu.

À la vue de cette colère impuissante, le rire grandissait et prenait l'allure d'un défi collectif. Quand les gradins hoquetaient et cherchaient leur souffle, l'Auguste, à reculons, marchait jusqu'au rideau rouge qui s'entrouvrait pour lui.

De près, sa colère était si laide, sa rage si menaçante qu'aucune femme du cirque ne le voulut pour époux.

Une nuit, dans sa roulotte, il se rua sur sa rage quotidienne, la mordit jusqu'aux larmes et lui fit un enfant. Puis il mourut.

Ainsi naquit Jean Robelle, le 7 mars mil-neuf-cent-vingt-sept, fils de Robelle Auguste, Auguste au Grand Cirque Mayor, et de mère inconnue.

L'Assistance publique recueillit Jean Robelle, lui trouva une mère nourricière qui était presque aveugle et ne parlait jamais. Jean vivait à peine car il se ressentait des conditions exceptionnelles de sa naissance. On pouvait le croire mort pendant trois jours, puis ses yeux s'ouvraient, des yeux de lézard au clignotement rapide. Quand dans la rue ou dans une maison voisine des enfants riaient, son cœur se mettait à battre comme lorsque la colère vous pousse à défier un ennemi puissant. Sans se plier, dans son lit, Jean Robelle se grattait le genou à se faire des plaies dont il goûtait le sang en se rongeant les ongles.

Lorsqu'il eut quatorze ans, il fut placé dans une ferme.

Dans une grande salle à la lumière tamisée par les toiles d'araignée qui garnissaient les fenêtres hautes, le patron mangeait avec trois ouvriers, poitrines contre la table, écuelles pleines, mains gantelées de fumier sec. Ils étaient si fatigués que les deux qui relevèrent la tête ne pensèrent pas à rire et que les deux autres continuèrent à manger comme des bœufs. Lorsqu'un homme se leva, Jean Robelle prit sa place encore chaude et son écuelle humide et se mit à manger et à vivre heureux.

Ce bonheur dura deux mois, jusqu'au jour de la fête où on a le temps de se regarder l'un l'autre.

Le rire partit de deux gamines habillées de blanc, gagna les hommes qui sentaient le vin rouge bu à jeun, ricocha sur deux vieillards accoudés à la cuisinière et s'épanouit chez les femmes qui se mirent à pousser des cris féroces d'accouchées. Jean battu par son cœur tomba sur le carrelage frais lavé. Le lendemain, il était reconduit à l'Assistance publique « parce qu'il était tout le temps malade ».

Là il refusa de laver la salle, prit le repas de son voisin de lit qui n'avait pas dix ans, cassa un carreau avec le talon de sa chaussure et se retrouva au Pavillon 3, frileux et indifférent, dans la chambre où Jean-Georges René Teck attendait, depuis deux jours, le début de sa nouvelle vie.

Joseph sent dans son cou, le sexe de Pilou qui s'écrase à travers le tissu de la culotte, et cette chaleur lui met dans la tête un vin léger.

Depuis qu'il fait nuit sur Saint-Pierre-la-Rive, Pilou, à cheval sur les épaules de Joseph, essaie d'ouvrir la porte qui lui ferme le grenier où monsieur Banzelé a rangé, depuis dix ans, ses malles d'Afrique.

Joseph est le fils de madame Veuve Clicq, café-tabac. Il porte à domicile les journaux qui arrivent en paquets par l'autobus du soir. Pilou, neveu des Artebise, vient en vacances chaque année et passe dans les vignes, les champs et les bois toutes les heures de soleil du mois de septembre. Il a pris sa bonne part du crissement des herbes dans le vent, des grandes gifles du soleil et des raisins à la peau dure qui pendent au long des vignes. Les clochers de Saint-Pierre, de Clerzy, de Champromé ont sonné pour lui toutes les heures des après-midis.

Il y a huit jours, il a parlé à Joseph. Il l'a pris comme plus tard, sans doute, il prendra les femmes : en s'offrant comme apprenti, émouvant de bon vouloir, aux jeux où elles sont expertes.

Joseph, porte par porte, connaît tout ce qui vit dans le village et marche ou marchera sur deux ou quatre pattes. Pilou est un étranger. Pilou s'est mis à suivre Joseph en lui posant de rares questions.

Apprenti porteur de journaux, Pilou a découvert un domaine qu'il ignorait alors qu'il en parcourait vingt fois par jour les rues étroites. Explorateur au bord des huttes d'une peuplade inconnue, il épie le moindre bruit de chaise remuée ou de porte fermée alors qu'il attend sur le seuil. Un coin de table entrevu, avec un bol blanc et un plat aux fleurs bleues, lui révèlent un peu du mystère, qu'il guette. Lorsqu'il peut surprendre, du couloir, le tic-tac d'une horloge il est ému comme il le sera à seize ans, en écoutant battre le cœur d'une jeune fille, étrangère l'instant précédent.

Ainsi vint à Pilou l'envie de pénétrer plus avant dans le secret d'une maison étrangère et parce qu'il craignait les paysans, il choisit celle de monsieur Danzelé, qui avait vécu longtemps aux colonies. Sa maison avait figure de ferme mais la grande cour carrée était propre, sans fumier ni volaille. Aucun chariot lourd de gerbes ne venait s'arrêter derrière elle, dans le chemin des champs, sous le grenier dont la porte aux planches grises ne s'ouvrait jamais.

Lorsque la porte s'ouvrit sur la nuit du grenier, Pilou, d'une main, tâta le plancher et attendit. La nuit sortait par flocons qui se diluaient dans la nuit claire des champs. Puis Pilou entra à quatre pattes, le front attentif à ne rien heurter.
Joseph, les mains au mur, n'avait pas bougé. Comme il gardait la tête baissée, la nuit froide le saisit d'abord à la nuque, comme une chatte son petit, puis glissa une langue fine le long de son dos. Il leva la tête : Pilou l'appelait.
— Joseph... viens...
Il vit les mains blanches qui attendaient les siennes : il leva les bras et grata le mur de ses grosses chaussures.
Il était agrippé au rebord du plancher lorsqu'il entendit la grille s'ouvrir. Il resta suspendu et ne dit rien lorsqu'une main qui lui sembla brûlante le saisit à la cuisse.
Blessé aux yeux par les lumières de la maison, il se mit à fixer les lampes jusqu'à ce que le bruit qu'il attendait vînt lui apprendre, à travers le mur, que Pilou avait sauté et courait maintenant dans la nuit des champs couleur de lune.
Alors il baissa la tête et consentit à répondre.
Tout le village, le lendemain, se mit à compter ses sous. Il en manqua, bien sûr, dans toutes les boîtes. Le total minutieux de ces vols imaginaires fut fait par le garde-champêtre qui alla de porte en porte comme pour une collecte. On se souvint que Joseph était souvent dernier à l'école et quelquefois absent à la saison des fruits. On plaignit sa mère et on refusa l'argent qu'elle voulait rembourser. Plainte était déposée.

Le jour où Joseph arriva au Pavillon 3, le lycée ouvrait ses portes et Pilou entrait en quatrième. Joseph était fort fatigué. Il s'étendit dans son lit sans regarder Teck et Robelle. Il ferma les yeux. Une douleur maintenant familière qui le mordait quelquefois à la nuque vint lui tenir compagnie.

Dans la chambre où sont couchés Louseau, Teck, Robelle, Clicq et Vandelaer, le temps qui passe a la couleur du brouillard et l'odeur d'un terrier vide.

Un garçon, tout à l'heure, est venu entrouvrir un vasistas qu'aucun acrobate aussi souple soit-il ne pourrait franchir. Dès que la porte a été refermée Vandelaer, à genoux sur son lit, a délivré la corde qui retenait le carreau entrouvert. Il s'est recouché, satisfait.

— Ils ont envie qu'on crève, ici…

— Comme ça, on coûterait moins cher à nourrir.

— Si le type il revient, je lui retourne mon lit sur la gueule.

Le silence se reforme, compact comme un mur entre chaque lit. Tout l'ennui et le sommeil étant usés jusqu'à la dernière miette, commence l'attente.

Robelle regarde à droite, à gauche. Il sent disponibles tous ces regards qui quêtent au plafond la moindre fissure. Son cœur bat plus vite : il guette une mouche qui court sur sa couverture, l'attrape, lève le bras qui porte la proie à bout de doigts, la pose sur ses lèvres, la croque et l'avale.

Le public est partagé. Louseau et Teck sont prêts à rire. Clicq est étonné, mais Vandelaer, roux et puissant, s'assied sur son lit dont les ressorts gémissent :

— Qu'est-ce que c'est que ce dégueulasse ?

Et, penché vers Clicq :

— T'as vu le gars qui bouffe les mouches ?

Louseau, à son tour, s'assied sur son lit :

— Ouais : y bouffe des mouches.

Teck s'accoude.

Robelle a fermé les yeux, mais il sent tous les regards sur sa figure et il sourit, bouche immobile, comme un masque. Il pense qu'il serait bon d'ouvrir la bouche maintenant et d'en laisser sortir un papillon blanc ou un poisson rouge, pour l'ébahissement des autres. Les fentes sans cils de ses yeux s'entrouvrent. Il guette. Une mouche se pose sur l'oreiller de Clicq. Sans bouger la tête, d'un simple mouvement de son bras qui semble pourvu de coudes multiples, il attrape la mouche et la porte à sa bouche.

Il se recueille, coupé pour le moment de tout ce qui n'est pas le chatouillement qui, de sa langue, s'irradie dans sa tête et sa poitrine. Ses pieds se crispent, des larmes lui viennent aux yeux. En soufflant par le nez sa respiration longtemps contenue, il se vide de son plaisir et croque.

Alors il entend le bruit. Vandelaer est debout, près de son lit, énorme dans sa chemise étroite éclatée à la poitrine et aux cuisses.

— Tu vas finir, oui, dégueulasse ?

Louseau crie d'une voix fluette et acide :

— Fous-lui sur la gueule un bon coup, à ce pourceau-là...

Teck, les mains sous la nuque, rit à petits coups satisfaits :

— Ah ! le dégueulasse... Ah ! le dégueulasse...

Clicq regarde en se grattant un pied.

Robelle, impénétrable, sourit et ferme les yeux.

Un grand regret lui vient d'avoir croqué la mouche avant de l'avaler. À en juger par le grattement qu'elle procurait à sa langue, quel plaisir il aurait éprouvé en la sentant courir dans son ventre et dans tout son corps !

Il ouvre un œil : son regard glisse sur Vandelaer et cherche plus loin, à travers lui ou plus haut, comme s'il suivait le vol à crochets d'un insecte.

Vandelaer qui l'épiait, prêt à se recoucher s'il avait vu dans l'œil de Robelle la crainte et l'obéissance, se sent blessé par cette indifférence, irrité plus qu'il ne l'aurait été par un coup de pied soudain décoché dans son ventre.

Il serre les poings :

— Tu ne vas pas recommencer, non ?

— Ah ! ben merde, hurle Louseau, elle est têtue la bourrique.

Clicq cligne fort les yeux, de peur des coups qu'il sent proches.

Robelle n'est guère plus saillant dans son lit qu'une veine sur le dos de la main.

Vandelaer ne frappe pas. Il a déjà écrasé des crapauds et des limaces et se demande quel jus va sortir de l'autre, s'il le presse. Il hurle, la bouche ouverte comme s'il allait mordre :

— T'as fini ou t'as pas fini ?

La porte de la chambre s'est ouverte. Un homme en blouse blanche dit :

— Vous avez fini de brailler comme ça ? et referme la porte.

Vandelaer est recouché.

Robelle siffle entre ses dents. On dirait qu'un gros rideau tombe entre lui et les autres.

Le soir arrive qui a la couleur d'un torchon sale et l'odeur du gros Vandelaer qui a sué de colère.

Teck, Robelle et Clicq descendent.

Ils s'étaient cru oubliés dans la chambre et consentaient à vivre couchés pendant des mois, retirés du monde. Ils s'étaient mis à y vivre de longues heures somnolentes accrochées à chaque bout, comme des hamacs aux parois, aux moments des repas. Alors ils émergeaient de leurs lits et mangeaient, Robelle le mufle dans l'assiette de métal.

Si Clicq se levait pour aller pisser, Teck quittait son lit et croisait Clicq qui revenait, dans le couloir. Ainsi s'éveillait l'envie chez Vandelaer : Louseau ne résistait guère et Robelle, en soufflant, terminait la ronde réglée comme celles que l'on voit tourner au front des grandes horloges.

Aujourd'hui Teck, Robelle et Clicq, vêtus de coutil gris, rejoignent la rumeur qui traversait le plancher de la chambre.
Il est midi lorsqu'ils arrivent au bord de la grande salle commune : la tribu des autres, dos tournés, ne les accueille pas. Quelques crânes rasés surprennent, comme, dans le sol d'un bois, des cailloux qui ont refusé la mousse.
À l'autre but de la salle, un garçon, cœur du silence, objet de l'attention, debout sur un banc, guette à travers une vitre qu'il frotte comme pour y faire apparaître plus vite l'image attendue. Il se retourne, fait le geste de plonger, par deux fois, le bras dans une marmite profonde et de l'en retirer pour servir largement une assiette invisible.
La tribu crie « crème… crème… » comme l'équipage d'un navire perdu crierait « terre… terre… », des groupes se forment à travers lesquels la corvée porteuse des marmites chaudes se fraie un droit trajet. Le remous qui la suit vient s'éparpiller contre les tables de marbre du réfectoire à la lumière rare.
Le cliquetis des cuillers naît à une table, se multiplie. Ils mangent. Une hâte unanime courbe les dos. Une bête à quatre-vingts bouches mange.
Un moineau entré par une fenêtre ouverte vole sans inquiétude d'un mur à l'autre.
Seul Teck lève la tête pour le regarder : une cuiller furtive attaque son assiette. Teck ne dit rien. La crème est servie : l'ampleur du cliquetis redouble, puis s'amenuise : quelques coups épars tapent encore comme des coups de feu, après une chaude alerte, ont l'air de jouer à qui sera le dernier. Toutes les têtes se relèvent.
Teck n'a pas touché à sa part. Il lève son assiette à bout de bras, attentif à ne pas dérouter les regards qui sont attachés au petit tas de gélatine couleur de chocolat. Il retourne son assiette, et, du pied, étend la crème, sur le ciment.

Le réfectoire se vide. Un groupe s'est formé autour de l'endroit où Teck a jeté sa crème : la foule stationne sur les lieux de l'accident. Des yeux cherchent Teck et ils lui sont hostiles. Teck essaie de se dissimuler dans la salle commune. Il se cache derrière les garçons immobiles. Mais le parc aux troncs mouvants est clos et familier à ceux qui le poursuivent. Muets, les mains aux poches, sur quatre ou cinq de front, ils se rabattent sur lui en un jeu d'épervier qui, si Teck est habile, peut durer des heures et des jours : sans rien dire, les mains aux poches, sur cinq ou dix de front. Et Jean-Georges René Teck, qui comprend leur plaisir, rage d'en être l'objet.
Il cherche une issue. Un homme se promène dans la salle, les mains dans le dos. Teck s'en approche à toucher du front l'uniforme de drap bleu. La main crispée sur l'étoffe, il sent la cuisse dure et chaude du gardien qui, ému, se penche vers lui – les muscles de sa cuisse bougent – et dit :
— Tu t'habitueras, va…
Et Teck qui grimaçait pour faire venir les larmes se sent sourire, plein de ce même orgueil qui anime un petit paysan près du cheval énorme dont il sent la chaleur et la force et qu'il peut diriger d'un claquement de langue.
Au soir de ce même jour, les quatre-vingts, gris dans leurs vêtements gris, agglomérés près des fenêtres à la lumière blanche, regardent, le dos tourné à la salle vide, plus loin que les chemins de scories noires qui s'entrecroisent dans le jardin, plus loin que le ciel, une mer d'ennui grise et plate où ne croise aucune barque bariolée d'espoir ou de souvenirs.

Ils dorment.
En chemise, ils ont porté leurs vêtements en paquet dans une chambre qu'un gardien a fermée d'un double tour de clef. Pieds nus, ils ont couru jusqu'à leur lit. Le gardien a passé un contrôle rapide : un corps par lit : les quatre-vingt-trois sont là.

Dans la nuit, loin sont les villes où les hommes sont si vivants qu'ils trichent avec le soleil et courent encore aux lumières. Les champs sont immenses et respirent si lentement qu'aucun homme n'a jamais vu bouger leur torse et leur ventre. La grille autour des jardins se pare de gouttelettes d'eau patiemment filtrées du brouillard que l'on croirait immobile. Les fenêtres du Pavillon ne peuvent pas s'ouvrir, fausses comme des yeux d'aveugle.
Teck repousse le sommeil où les autres se sont enfoncés en remuant un pied, comme un nageur se soutiendrait à la surface de l'eau. Il se pince le ventre, jusqu'à la douleur, et l'intérieur des cuisses.
Il descend de son lit et marche jusqu'à une fenêtre en choisissant pour y poser les pieds les carreaux rouges qu'il croit moins froids que les blancs.
De l'autre côté de la vitre étroite, sa nuit est là, vaste et docile. Si Jean-Georges René Teck, lorsqu'il vivait dehors, avait eu des camarades, il les appellerait : « Louis ! Gaston… » à voix sourde, contre le carreau. Il pourrait aussi appeler son père ? ses sœurs ? Teck n'a ni père, ni sœur qui vaillent la peine d'être appelés. Alors il s'appelle : « René… René… » pour entendre son nom. Celui qui l'appelle est peut-être tapi dans les arbustes, de l'autre côté, dans l'ombre ?
Et Teck retourne se coucher, avec, sur la joue et le nez, le froid persistant de la vraie nuit d'avant, qui l'a caressé, à travers la vitre.

Robelle, à l'atelier, a été désigné pour le raccommodage des sacs, parce que son cœur bat drôlement et que l'on a deviné ses muscles pâles et mal accrochés à ses os frêles. Il attend, courbé sur lui-même, comme un singe malade. Il écoute peut-être, comme un enfant un coquillage, le bruit de vagues sur la plage que fait son sang dans ses oreilles.

Tout à l'heure, il a trouvé au fond d'un sac des germes de pommes de terre enrobés dans la boue séchée. Il a croqué : ça avait un peu la consistance et le goût de la morve. Et Robelle a été ému de rencontrer, par hasard, un morceau de lui-même dans ces sacs étrangers.
Teck travaille au jardin. L'air du matin est dur pour lui. Il le mord aux oreilles, aux doigts et aux poignets. Teck, immobile sur un chemin, sent l'hostilité du vent et du ciel. Ses vêtements lui sont hostiles : ils laissent passer le froid jusqu'à son ventre. La brouette, jouet d'enfant entre les mains des autres, refuse de rouler, s'enfonce et résiste dans les siennes. Sa bouche se tord sur ses dents qui claquent.
Les autres, gris et minuscules dans le grand jardin, grattent la terre : le gardien est parmi eux. Plus loin il y a le grillage, puis les champs. Où est la ville avec ses remparts et le canal, vaste domaine ami à l'haleine chaude ?
Le gardien est à peine plus grand que les petits en gris. Le grillage ne monte pas jusqu'au ciel. Pour rejoindre la ville, il suffit de marcher assez longtemps dans la bonne direction et de ne pas avoir peur des chemins inconnus.

La grande salle du Pavillon serait une bergerie si l'air portait la grosse odeur du mouton et si la chaleur des corps bourrait l'espace jusqu'au plafond. L'odeur est maigre, la chaleur rare et les cris et les appels et les piétinements sont ceux d'enfants. Un groupe est rassemblé près de la porte qui s'ouvre sur un couloir sombre. Il n'y a rien à attendre, il n'y a rien à voir : mais le groupe est inlassable ; il ne regarde pas ; il n'attend rien.
Joseph Clicq est là. Ses épaules sont larges et ses cuisses solides. Il est assis, de droit, à l'extrémité d'un banc. Il est assis, mains immobiles et cœur lent, comme un vieux devant sa porte, une fois sa vie terminée.

D'autres groupes se forment près des fenêtres et autour des cabinets.
Avec vos vies, mes pauvres amis, on ferait un bien maigre bouquet. Pas de fille qu'on attend et qui apporte avec elle, du plus loin qu'elle apparaît, une joie si nouvelle que l'on se croirait au début d'un monde. Pas de sommeil invincible, tant est chaude la cuisine où s'achève le repas, près du feu qui vous ronfle dans le cœur. Pas d'orgueil d'être vivant, debout sur une charrette, au milieu des champs qui sont une mer.
Un pauvre bouquet gris : voilà tout ce qu'on pourrait faire avec vos maigres vies.

— Si on se laisse faire, on restera enfermé ici jusqu'à vingt et un ans…
Teck est accroupi près du lit de Joseph Clicq qui passe des heures, la nuit, les yeux ouverts. Joseph regarde les yeux de Teck.
— Pour ne pas être repris, il faut se sauver la nuit.
Les autres dorment. La veilleuse bleue au plafond semble attendre un coup de vent pour osciller au gré du bâtiment balancé sur les vagues noires qui le portent.
— Pour arriver jusque chez toi, il faudrait marcher quoi ? Une semaine ? Moi, je connais tout dehors : je te conduirai. Quand on sera chez toi, tu diras qu'on a été relâchés : on mangera et je foutrai le camp chez moi. Tu me passeras des sous pour le train.
La veilleuse est toujours immobile. Pourtant, surtout la nuit, le pavillon bouge. Pendant le jour, il ne peut pas avancer, entouré de jardins et de champs immobiles. La nuit, Joseph sent bien qu'il s'éloigne de chez lui. Son cœur s'arrache par moments ou remonte dans sa gorge, à lui donner des nausées, saisi par le vertige de ce lent mouvement qui emmène le Pavillon à travers des kilomètres et des kilomètres de champs, loin des maisons.

Teck est là qui parle à côté de lui et il dit vrai. Il faut sauter avant d'être complètement perdu.
Joseph Clicq dit, et sa voix le surprend comme s'il s'entendait rêver tout haut :
— Les fenêtres… les fenêtres ne s'ouvrent pas…
Teck tape sur ses couvertures :
— Tais-toi. Trouve une barre de fer, demain ramène-la sans te faire voir.
Maintenant Joseph Clicq va pouvoir dormir. Il passait ses nuits à être malheureux. Il a fallu, pour qu'il comprenne, que l'autre parle. Il sera toujours le même, avec ses grosses pensées rondes dans la tête, si grosses et si rondes qu'il ne peut pas les attraper. Heureusement que les autres sont plus adroits.
Une barre de fer ?

Pendant la journée, le temps coule dehors, le long des grilles. Les gens qui sont de l'autre côté sont vêtus d'habits de couleur. Ils marchent vite. Quelquefois on entend leur voix. Le vent l'apporte. On dirait le cri joyeux de gros oiseaux. Le Pavillon est immobile et la vie coule autour de lui.
Une barre de fer ? Joseph Clicq pousse sa brouette dans une allée du jardin. Il regarde derrière les arbres, dans les rides de la terre, dans l'herbe, les yeux aveugles à tout ce qui n'est pas couleur de rouille. Il revient au bord du trou où quelques garçons chargent à lentes pelles les brouettes.
Teck est là, immobile, la pelle en main. Il a trouvé cet abri contre le vent froid. Il interroge Clicq du regard. Rien.
Alors les prunelles de Teck, comme deux petits animaux noirs vifs et habiles, cherchent dans le trou, et le trou est parcouru, fouillé, vidé en quelques secondes. Rien. Elles sautent dehors, courent et s'arrêtent.
Joseph a suivi le jeu des prunelles noires, surpris par leur adresse. Quand elles s'arrêtent, il a envie de faire du bruit avec ses lèvres, comme pour appeler un petit chat. Ah ! les

voilà qui sont sur lui : méchantes, impatientes. Joseph s'écarte pour les laisser passer. Elles repartent. Joseph les suit du regard et il voit.

Il voit une barre de fer, plate et peinte de noir, longue du coude au bout des doigts, qui maintient la caisse au pied fendu de sa brouette. Joseph sent ses oreilles se gonfler de sang. Il pousse cette barre de fer devant lui, depuis ce matin.

Il sent à peine la pelletée rageuse que Teck lui envoie dans les jambes. Il s'éloigne vite, va se cacher derrière un arbre et à grands coups de talon, arrache la barre, la glisse dans sa chemise, la fait descendre dans son pantalon et serre la ceinture jusqu'à ce que le fer ait fait sa place dans sa peau.

Et le supplice commence. Joseph Clicq est raidi, parmi les autres qui ont le dos courbé et le ventre lâche ; il passe les heures de cette interminable journée, déchiré à la poitrine et au ventre, silencieux, exalté d'un orgueil qui lui vient peut-être de la cambrure de son dos.

Au soir, il s'est déshabillé sans faire tomber la barre. Il a mis son paquet de vêtements près de la porte pour le retrouver facilement tout à l'heure. Il s'est étendu sur son lit sans même regarder s'il y avait du sang sur son ventre. Le gardien passe, revient et ferme la porte. Les lampes s'éteignent ; reste la veilleuse. Joseph n'a qu'à fermer les yeux pour voir s'aligner les maisons de Saint-Pierre-la-Rive, toutes dociles, jaunes, grises et blanches ; il a envie de pleurer et de rire : il a sommeil.

— Clicq…

Teck est accroupi contre son lit. Sa main tâte les couvertures.

— Où as-tu mis la barre ?

— Dans mon paquet…

— Bon. Tu viendras dans cinq minutes, comme pour aller aux cabinets.

Il lève la tête : la douleur qui file droit de sa poitrine à son ventre le maintient couché, raide et sans souffle.

Il se plie lentement, sort de son lit. Tous les autres dorment et Joseph a peur, comme dans un cimetière.

Dans la salle aux habits — comment a-t-il pu en ouvrir la porte ? Teck, la barre en mains, travaille à soulever un vasistas mal cloué, en haut de la fenêtre. Le bois craque à peine. Joseph s'habille comme pour une fête, il boutonne son col, noue soigneusement ses lacets. Teck chuchote :

— Prends deux pantalons et deux vestes : va pas faire chaud ; grouille-toi...

Il a ouvert le vasistas. Dehors la nuit est grise et son froid et son odeur coulent dans la pièce, comme une fumée lourde. Il s'accroche à la fenêtre, se retourne et ne bouge plus. Joseph tourne la tête. Quelqu'un les regarde.

À la porte, encore éclairé par la lumière de la veilleuse, Robelle en chemise, immobile sur ses deux grands pieds plats, Robelle rigole.

— Où que vous allez ?

Teck est toujours accroché à la fenêtre. Il dit :

— On s'barre. Habille-toi.

— Où que vous allez ?

— Ferme ta gueule. Habille-toi. Dépêche !

L'un après l'autre, ils ont sauté. Joseph, surpris par le contact du sol, est tombé. Il savait bien que le Pavillon avançait. Il s'étonne de reconnaître le jardin. Il croyait que, pendant la nuit, les arbres et les chemins avaient le droit de bouger pour se reposer de leur longue immobilité.

Le grillage est franchi. Aucun des trois nez ne se retourne. Ils marchent un peu courbés, à pas rapides et silencieux. Ils sentent derrière eux le Pavillon, avec tous ses yeux aveugles, prêt à se mettre en marche à leur poursuite. Robelle traîne déjà. Dans sa hâte, tout à l'heure, il a pris les vêtements d'un grand. Ainsi se promènent, la nuit, les épouvantails à moineaux.

Il répète : « Où que vous allez ? » Il ne rit plus. Sa figure blanche troue la nuit.

Essoufflés, ils se sont assis le long d'un mur. Aucun cri, aucun piétinement ne les cherche :
— Où que vous allez ? demande Robelle.
Les deux autres le regardent et rient. Ils rient pour se débarrasser, comme une machine laisse échapper l'excès de sa pression.
Puis ils sentent le froid et ils reprennent leur marche.

La lumière du jour est là. Ils marchent : trois bons petits dans une grande image. L'eau des fossés a la couleur du ciel et les chemins tortus qu'ils choisissent pour éviter les grandes routes sont des chemins de Dimanche.
Robelle a arraché une betterave. Il l'a frottée dans l'herbe et il mord dedans, mâche et crache. Et de boiter et de mâcher le fait traîner loin derrière les deux autres.
La betterave n'a pas bon goût. Robelle se console en voyant sa grosseur : de quoi se repaître. Et il s'imagine en train de manger un champ entier de betteraves : quel plaisir si elles avaient seulement un peu le goût de poire !
Robelle est seul.
Les deux autres, habillés de gris, se sont cachés dans l'herbe haute d'une pâture et se sont aplatis lorsqu'il est passé près d'eux, sur la route.
Teck a dit :
— Qu'il aille crever ailleurs, celui-là.
— Pourquoi que tu lui as dit de venir avec nous, demande Clicq.
— Pourquoi ? Pour qu'il aille pas ouvrir sa gueule une fois qu'on aurait été parti. J'ai pas besoin de cette face de lune avec moi.
— Bien sûr, dit Clicq et il se relève en même temps que Teck. S'il osait, il lui prendrait la main pour être certain de ne pas être abandonné, comme l'autre. Ils ont suivi un chemin noir qui les a menés dans la cour d'une ferme. Teck a demandé :

— Tu connais les paysans ? – car lui se sent en pays étranger – Demande d'abord s'il n'y a pas de travail.
Ils sont entrés dans une grande salle pendant qu'une petite chienne blanche se tordait de rage, attachée à un tonneau, dans la cour.
Un homme assis à la table a dit :
— Tiens..., encore deux qui se sont sauvés.
Et un autre, plus jeune, les a regardés.
— Oui.
Ils sont donc reconnus avant d'avoir parlé. Joseph regarde par la fenêtre si le grand bâtiment gris entouré de gardiens n'arrive pas, à travers champs, à leur poursuite.
Il tombe vers la lumière, comme si la maison s'était mise brusquement sur le côté pour le faire glisser dehors.
Teck le regarde, allongé sur le carrelage. Les hommes n'ont pas bougé.
— Il a des crises ?
— Non, dit Teck : nous avons faim !
Ils ont mangé du pain beurré, bu du lait et le patron leur a permis de se reposer dans le grenier à foin.

Robelle est seul. Il s'était habitué à voir tous ces garçons habillés de gris autour de lui.
Il s'arrête. Ses mains au bout des manches, le bas des pantalons déchiré, squelette dans ses vêtements amples, il porte les bras à ses yeux pour regarder le chemin, loin devant et loin derrière. Il se retourne. Il lève les bras en criant. L'épouvantail mime la tempête dans le calme parfait de l'herbe, des arbres et des nuages.
Il va s'asseoir sur le bord du fossé. Il est seul. Voilà qui n'est pas pour l'étonner. Il a toujours été seul, voilà la vérité. Et il reprend sa marché, gêné par ce pied douloureux qu'il doit traîner et qui le fait hausser une épaule, à chaque fois, marionnette au fil cassé, dans les champs qui ne savent pas rire.

Joseph dort dans l'odeur du foin. Dans le silence chaud du grenier, il est devenu foin lui-même depuis deux heures. La crainte de ne pas trouver Saint-Pierre-la-Rive au bout du chemin, le souci de s'être sauvé et d'être recherché par des hommes dont il craint le nombre, la force et l'habit bleu, son inquiétude de ce qui l'attend, dès qu'il aura poussé la porte de la cuisine et dit : « c'est moi... », grandes gifles méchantes ou baisers à pleins bras, il en a fait un petit paquet bien clos et il dort à côté, comme un vagabond près de son sac.

Au bout du grenier, près de la porte, Teck guette la cour. Les deux hommes sont partis. Ils ont emmené la petite chienne blanche. La grande porte est ouverte ; les poules grattent le fumier.

— Joseph... Joseph... t'arrives ?

Teck impatient a déjà posé un pied sur l'échelle. Joseph relève la tête qu'il a vaste et lourde, sur son cou, comme un grenier à foin.

— Grouille-toi, nom de Dieu...

Ils sont revenus dans la grande salle où ils ont mangé tout à l'heure. Les yeux de Teck parcourent les murs, la porte, les fenêtres.

— Faut dire au revoir, tu comprends, on ne peut pas partir comme ça.

Joseph, en visite, attend.

— Il n'y a personne ?

Joseph est étonné d'entendre la voix de Teck retenue et timide : il n'ose pas crier fort. C'est la première fois que Teck n'ose pas devant lui : aveu de faiblesse ; porte ouverte à l'amitié. Joseph regarde Teck en souriant.

Teck a les yeux fort brillants et les pommettes rouges. Il avance dans la grande salle, se penche sous la table et dit :

— Personne ?

Il marche à quatre pattes, le long des bancs.

— Là non plus ?
Il va jusqu'à la cuisinière, ouvre la porte du four.
— Sont pas là… ?
Joseph rit, heureux, un peu oppressé. Il est seul avec Teck. Teck fait la comédie pour lui. Teck l'a choisi comme spectateur. Nous voilà en pleine amitié.
Qu'est-ce qu'il va faire ? Il ouvre la porte du buffet. Il se retourne :
— Sont pas là non plus…
Mais sa voix ne joue plus. Il pousse les piles d'assiettes, ouvre les boîtes, fouille les rayons. Il cherche, le cou tendu, les mains vives, le cœur battant à larges coups. Sans se retourner, il dit à Joseph :
— Viens… Viens…
Joseph n'a jamais volé, paraît-il. Joseph est vierge. Joseph s'est accroupi. Il consent. Il déplace une pile de tasses. Teck chuchote :
— Casse pas la vaisselle… Et il rit, longtemps. Joseph n'aime pas le son de ce rire.
Une porte s'est ouverte. L'enfant qui entre a deux yeux si bleus qu'ils semblent ne pas voir. Il s'avance vers le buffet et s'arrête en équilibre sur ses jambes maladroites. Teck le regarde et ses prunelles noires, immobiles, visent le crâne recouvert seulement d'une mousse dorée.
Joseph a crié : « Non… »
Alors Teck se redresse, court vers la porte, traverse la cour. Joseph le suit.
Le brouillard cerne les champs. Ils courent. Joseph comprend qu'il va falloir courir toute la nuit et déjà ses jambes sont molles et ne le portent plus. Teck est déjà loin devant lui. Il peut courir ainsi pendant des jours et des nuits, à travers les champs, sans peser sur la terre grasse.
Déjà Joseph est seul avec le bruit de ses souliers qui butent sur le chemin. Il appelle :

— Teck… Teck…
Il halète si fort qu'il doit s'arrêter. Il crie de tout ce qui lui reste de souffle :
— Teck… Fais pas la vache… Fais pas la vache, Teck. Je dirai que c'est moi… qui ai retourné le buffet… Vache…
Teck, gnôme minuscule et gris, a disparu dans le brouillard. Joseph Clicq s'est agenouillé dans l'herbe. Il est seul sur cette terre soudain envahie par la nuit. Pourtant ses yeux grands ouverts guettent tout ce qui remue et ses mains sont prêtes à repousser les formes qui glissent vers lui, d'arbre en arbre.

Robelle a cherché l'endroit le plus chaud de la nuit. Il a longé des murs, tâté des portes comme un aveugle qui chercherait à l'odeur et au toucher, une maison quittée depuis des années. Satisfait par une odeur violente et chaude qui l'a tiré par les narines à travers un jardin mal clos, il s'est accroupi, le dos contre un mur.
De l'autre côté du mur grognent dans leur fumier des cochons repus et Robelle comprend leur bonheur d'être ensemble et d'avoir chaud. Il oublie sa faim et le souffle froid de la nuit ouverte devant lui. Il s'endort.

Deux gendarmes les ont cueillis, sans presque les chercher, l'un après l'autre, échelonnés comme des coureurs figés dans leur retard. Robelle, entre eux, avait envie de rire et regardait les champs, aussi fier que s'il avait été, lui aussi, habillé de bleu et garni de cuir. Clicq était perdu et suivait les hommes. Teck, de plus en plus inquiet à mesure que la lumière remettait les choses près de leur ombre et les gens à la porte de leur maison, soudain essoufflé et pâle, avait mis sa main dans celle d'un gendarme.
Alors que l'homme marchait, un peu gêné, sans le regarder, Teck trottait, confiant, près du géant, la tête pleine de sommeil.

Le pavillon gris, échoué dans la terre de ses jardins, a préparé trois cellules pour les recevoir.
Roulés dans la couverture marron, sur les paillasses nues, ils dorment. Une porte, une fenêtre enclouée, quatre murs gravés d'injures, de noms et de jurons, trois enfants qui dorment. Lorsqu'ils vont se réveiller, il leur restera à boire, jour après jour, une mare d'ennui, puant les heures stagnantes et la sueur des autres qui ont dormi, avant eux, sur les paillasses nues.
Quelquefois, la mare étincelle. Le soleil entre par la fenêtre. Des souvenirs glissent entre deux eaux. Les enfants regardent. Et puis, comme on ne peut pas rester toujours assis au bord de soi-même, ils frappent le mur. Le voisin répond. Un gardien apporte une gamelle. Il est huit heures, midi ou six heures. Le bruit de vagues que font les autres, dans la grande salle, monte et traverse le plancher et cette houle percée de cris emporte le Pavillon à travers les mois et les ans, avec sa cargaison de petits pirates vaincus, habillés de gris.

Le seau de grenouilles

Roger Luce revient toujours avec la nuit. Il marche vers les lueurs jaunes, rouges ou blanches qui apparaissent, encore vives, aux fentes des nuages.
« Le jour, pense Roger Luce, n'est pas fini pour tout le monde. »
Il marche sans se retourner car il sent la nuit qui avance derrière lui, multiple, puissante et calme, comme un immense troupeau de bœufs aux cornes de fer et aux yeux de sang qu'il conduirait ainsi, lui seul, sur le chemin blanc, à travers la plaine. Mieux vaut marcher d'un pas égal, sans se retourner, pour se jeter, d'un crochet brusque, dans la cour de la ferme qui attend, endormie déjà, au bord de la route.
L'immense troupeau continue sa marche silencieuse vers la lumière.
Ce soir, Roger Luce oublie la nuit qui le mène. Il a sous le bras droit un seau à moitié rempli de grenouilles. Un torchon mouillé, tendu comme une peau de tambour, sert de couvercle, chaque grenouille qui saute tape contre le seau ou tape contre le torchon. Roger Luce est attentif à chaque « ploff... » comme si c'était son cœur devenu énorme qu'il porte ainsi sous le bras. Quand le rythme des petits chocs s'accélère, il a envie de courir. Ou bien est-ce lorsqu'il court que les battements se font plus nombreux ? Vingt fois, il recommence l'ex-

périence. À courir ainsi, il distance la nuit. Alors il s'arrête, assis dans l'herbe du fossé, les pieds au ras de l'eau.

Il est pari de la ferme, ce matin, une fourche sur l'épaule, pour aller retourner le foin dans le champ qui touche la grande mare. À peine arrivé, il a chassé la grenouille à la fourche d'abord : la fourche est restée plantée au plus profond de la mare. Fatigué d'être indigène d'Océanie, sans harpon, Roger Luce s'est servi de ses mains, inlassable, adroit, sans repos, jusqu'au soir.

S'il suivait son élan, il entrerait dans la cuisine et dirait :

— Faudrait faire cuire ces cuisses.

Jusqu'à ce que les cuisses longues et dorées, aux petites mains recroquevillées, soient mangées, Roger Luce n'aurait ni repos, ni autre envie, ni autre joie.

Chaque fois qu'il s'est laissé aller jusqu'au bout de ses envies, un malheur est arrivé. Il faut dire aussi qu'il a de sacrées envies qui le prennent comme des démangeaisons, insupportables s'il ne les gratte pas, exigeantes jusqu'au sang, s'il crispe seulement les doigts.

Sa vie est faite de petits morceaux qu'il n'est plus possible d'ajuster l'un à l'autre. D'abord il était à la maison avec sa mère. Le copeau de ce temps-là a été vivement raboté : il avait envie de caramels, de pommes : il les volait. Il est monté dans une péniche et s'est caché dans le charbon parce qu'il avait envie de s'en aller sur l'eau du canal; c'est là que le copeau est tombé, inutile et frisé. Ensuite l'orphelinat et puis la ville encore, dans une boulangerie. Le beau copeau que celui-là : parmi les pains dorés par le four insatiable, près du pétrin mécanique, jamais las de tourner. Là, il y a eu l'envie de la montre du patron : il a fallu la prendre et voilà un copeau qui tombe, plus long et plus frisé que les autres, avec une couleur et une odeur. Roger Luce le ramasserait volontiers. Mais il s'en fait déjà un autre, bien avancé et prêt à quitter la planche.

Roger Luce n'a pas retourné le foin. Il a perdu la fourche. Il revient avec un seau de grenouilles.
Les jours ont été longs à vivre près de cette ferme. Roger Luce est arrivé un mardi. Le jeudi suivant il était accroché tout près du cœur de la patronne. Le samedi, il avait la main du fermier sur l'épaule. Le dimanche, il conduisait seul le cheval à l'abreuvoir et revenait à califourchon sur le dos large. La fermière s'étonnait de ne pas le retrouver sur les photos de famille prises trois et cinq ans auparavant. Peut-être était-il sorti de son ventre, sans qu'elle s'en aperçoive, un jour où elle s'était accroupie dans les champs : et puis, grandi tout seul (il avait bien un peu de vent dans la tête) il était là maintenant adroit et toujours présent à la place justement vide que personne n'avait remarquée avant sa venue.

Tranquille et bien au chaud, Roger Luce avait eu une véritable éruption d'envies saugrenues : donner le beurre à manger aux vaches; cacher les petits cochons dans le foin du grenier pour voir comment la truie monterait à l'échelle; démonter la faucheuse pour jouer au mécanicien…
Maintenant il a renversé le seau dans l'eau du fossé, pour revenir en arrière. Trois grenouilles, le ventre blanc, affleurent à la surface.
« Trop tard… », pense Roger Luce. Si toutes les grenouilles s'étaient dispersées dans le fossé, il serait rentré à la ferme. Mais les trois fleurs de peau blanche, immobiles devant ses yeux fixes l'empêchent de rejoindre le petit personnage qui devrait être à table dans la cuisine à la lumière jaune.
Déserteur, Roger Luce.
Il refait en sens inverse le chemin parcouru tout à l'heure alors qu'il marchait devant la nuit. Il s'enfonce dans la nuit, volontairement, à contre-flot. Il boit même la nuit pour se faire plus lourd, pour s'ôter toute envie de revenir.
Encore un copeau.

Le paquet de cartes

LORSQUE Lamée reçoit une carte de sa petite sœur, il se met à laisser couler les heures, autour de lui, comme une barque attachée laisse filer sous elle l'eau de la marée qui descend, jusqu'à ce que son ventre pose commodément sur le sable.

Le sable, pour Lamée, c'est son lit. Il s'y couche, le ventre au matelas, la carte roulée dans sa main.

Les autres, comme tous les soirs, font les gestes et les bruits du coucher. Clapoen danse sur son lit en relevant un pan de chemise. Delsaure cherche une couverture grise qu'il aime avant toute chose en criant à intervalles réguliers :

— M'couverture…

Tout au long de la rangée de lits, comme on crie dans les gares au départ des trains de nuit, Lamblin joue avec ses chaussettes. Kross et Gimpré répètent leur dispute qui semble enregistrée sur un disque inlassable :

— Pousse ton lit…

— Non…

— Pousse ton lit…

— Ta gueule…

— Pousse ton lit…

— T'as qu'à tirer le tien…

— Sale tubar… plein de poux… pousse ton lit ou j'te l'retourne sur la gueule…

— J't'emmerde…

Quand le dernier mot est tombé, les toux et les grincements sautent d'un lit à l'autre et la nuit commence. Lamée pose la carte sous sa joue ou sur sa poitrine et pleure.

La première fois où Lamée s'est senti pleurer, la nuit, avec sa carte dans la main, il en a été aussi inquiet que s'il avait pissé à même le matelas. Cette humidité chaude, sur sa joue, avait séché vite et Lamée, sa honte refoulée, s'était endormi.

Maintenant, à chaque carte, Lamée pleure dans son lit.

Sa petite sœur est Paulette. À la maison, il la distinguait à peine de ses autres sœurs et frères, tous en tabliers sales et malades ou en train de braire, la gueule ouverte sur des bulles de salive, ou de tuer des mouches sur la table ou de voler du sucre, dans le buffet. Depuis son départ Paulette a appris à écrire.

Lamée n'a jamais pu apprendre à écrire : ses frères et sœurs non plus, sauf Paulette. Elle écrit : « Tout le monde t'embrasse. Paulette » et la carte est couverte de boucles arrondies dessinées au crayon. Elle écrirait : « Vive la France » ou « Les lilas sont fleuris » que Lamée pleurerait quand même. Il n'a jamais pu apprendre à lire.

Quand il est bien vidé de ses larmes, Lamée soupire, à pleine poitrine et, sans se gratter comme il fait d'habitude, s'endort, la carte roulée dans la main.

Lamée est à l'équipe de terrassement.

Trancher l'argile avec le fer de sa bêche lui plaît. Être dans la tranchée qu'il a creusée lui plaît. Il se sent tranquille dans ce trou où les bruits ne viennent que par en haut. Le vent passe au-dessus et ne vient pas lui coller sa chemise glacée dans le dos. L'eau qui suinte dans le fond de son trou lui est familière ; il lui parle :

— Tchou… Tchou… te voilà ? Par où qu'elle passe, c'te sale petite garce ?

Et il s'amuse à se faire embrasser les pieds par la bouche et à les retirer, l'un après l'autre, de cette bouche qui aspire. Il pense :

— Elle ne me laissera pas tranquille : elle va me bouffer mes godasses, cette salope... Allez... allez... laisse-moi travailler...

Ils sont bien d'accord, tous les deux, Lamée et la bonne argile.

Quelquefois un ver rouge, découvert, se tortille. Lamée hésite : le couper en deux ou le laisser rentrer dans la terre ? Le fer de la bêche décide : coupé ; ou bien : sauve-toi.

Le temps ne paraît pas plus long à Lamée qu'il ne doit le paraître aux pendus : affaire de régularité.

Au sortir de la tranchée, Lamée retrouve le vert de l'herbe, le blanc du pavillon, ces façons qu'ont les autres de faire des gestes vifs et de crier pointu et de se poursuivre. Il plisse le front, les oreilles et les yeux un peu douloureux, surpris, de n'être pas seul sur terre avec une bêche et un trou d'argile où l'eau clapote quand on bouge les pieds.

Manger lui plairait aussi si tous les autres n'étaient pas assis à sa table et qu'il puisse manger leur part.

Ce soir Lamée est inquiet.

Il se contrôle patiemment : les nœuds de ses lacets tiennent ; il a son mouchoir dans sa poche gauche au-dessus de son tabac ; il a son béret sur sa tête ; il ne s'est pas coupé ; il n'a pas envie de vomir...

Il n'a plus les cartes de Paulette. Elles étaient liées en un paquet qu'il sentait contre sa hanche, à chaque pas.

Il a posé sa veste au bord du trou. On a pris le paquet dans sa poche. Alors, il lui manque son paquet... Les cartes de Paulette.

Lamée traverse la salle où les autres, attablés par groupes, fument, jouent aux cartes ou rêvent, adossés au mur.

Il marche, sans hâte, comme un chien perdu depuis longtemps dans la foule, pour promener son inquiétude plus que poussé par un espoir quelconque.

Il dit :
— Si tu les as, rends-me le…
— Et d'quoi ?
— L'paquet d'cartes.
— T'avos des cartes ?
— Celles de m'sœur.
— T'as une sœur ? Hé dis… Hé dis… Lamée il a une sœur…
— Sans blague… l'a pourtant l'air assez con…
— Marrant, un gros sac comme ça qui a une sœur.
— Ben qu'est-ce qu'elle a fait sa sœur ?
— Il l'a perdue…
— Ben mon vieux, s'il l'a perdue par ici, va pas la retrouver entière…
— Eh… Lamée… j'sais d'où qu'elles sont tes cartes…
— D'où ?
— Donne toujours une cigarette…
Lamée cherche un caillou dans l'eau de la rivière. Lamée cherche un agneau dans une immense forêt. Les ricanements, les appels et les échos grimacent autour de lui.

Lamée a été envoyé au Pavillon 3 pour coups et blessures.
Il était placé dans une ferme et il se plaisait bien dans le fumier et les betteraves. Il avait bien à manger.
L'autre garçon était petit, vif et fainéant, toujours affairé autour de Lamée comme une mouche bleue autour d'un morceau de viande.
Le petit avait passé une journée du mois de janvier dernier à lancer des boules de neige sur Lamée.
Lamée avait passé sa journée à essuyer son cou, son front, ses cheveux, en grommelant à chaque coup reçu :
— Tu vas voir ta gueule… Tu vas voir ta gueule…
Au soir, tôt venu dans la cour, il avait coincé l'autre dans le hangar aux voitures et il avait cogné, à coups régulièrement espacés, comme on se débarrasse d'une tâche qui sera longue

et monotone. Il ne sentait plus ses mains engourdies; il avait frappé comme avec un bras de bois.

Le petit appelait la fermière « maman ».

Le fermier savait le travail de Lamée et les taquineries de l'autre. Mais la femme était jeune et tenait droite une petite tête lourde de cheveux noirs. L'homme était gros et vieux et fatigué d'alcool. Il avait conduit Lamée aux gendarmes en disant, tout le long de la route :

— T'as bien fait. T'as fort bien fait. Ça le dressera, ce gamin...

Lamée, étonné de sentir autour de son cou la chaleur d'un cache-nez était heureux de se promener un jour de semaine. Les champs étaient blancs et des étoiles nouvelles jaillissaient de la neige, à chaque pas.

Il avait mis des mois à s'habituer au Pavillon, insecte ôté de son trou pour être ajouté à une collection. Il s'était filé un cocon épais, qu'on venait de trouer en lui volant son paquet de cartes.

Il sentait le froid, à chaque mouvement, contre sa hanche droite.

Lamée, en arrivant au bord de sa tranchée, a vu, éclatants dans l'ombre du fond, les morceaux éparpillés d'une carte déchirée. Accroupi, il a ajusté les morceaux blancs les uns avec les autres : la carte est complète, il les a mis dans sa poche et a empoigné le manche de la bêche.

À deux heures, en reprenant le travail, il a encore trouvé, au fond de la tranchée, une carte déchirée; le lendemain, une autre encore.

Lamée secoue sa tête et tout son corps en est balancé. L'eau, la bêche, l'argile ont perdu leur bon goût.

Attendre, tapi dans le fond du trou, la pluie des morceaux blancs pour voir quelle main la jette ?

Attendre ? Lamée s'y résigne. Il bat les minutes à coups de bêche dans l'argile. Mais voilà qu'à six heures, la caravane des autres se met en route vers le pavillon et Lamée la suit.

Ce matin, au fond du trou, l'eau reposée est de la couleur du ciel gris mais la flottille des morceaux de carton blanc n'attend pas Lamée comme les autres jours. Il y a encore beaucoup de cartes, pourtant, dans le paquet.
À larges coups de pelle, Lamée lape l'eau qui s'éparpille en gouttes de lumière avant de retomber hors de la tranchée. Pendant qu'à genoux, il racle le fond, un carré blanc tombe dans la boue, un autre dans son cou et toute une volée sur ses mains gluantes.
Lamée se retourne et saute d'un élan dans l'herbe et le vent et le ciel de dehors. Un garçon petit et vif comme un lézard s'enfuit le long du chemin de scories.
Lamée court, les poings fermés, lancé comme un poids. L'autre se retourne (et Lamée voit sa figure pâle), bute et tombe. Lamée l'empoigne et regarde autour de lui : le surveillant est lointain, occupé avec le reste de l'équipe à faire un chemin de planches pour les brouettes. Le garçon essoufflé reste inerte dans les mains de Lamée qui le traîne sans effort jusqu'à sa tranchée, l'y jette et saute à côté de lui.
L'eau grise est revenue aux plus profonds trous de bêche. Le garçon pâle se relève et fait deux pas pour s'écarter de la boue. Il a des cheveux noirs et de fines oreilles transparentes. Il regarde les flaques comme s'il craignait d'en voir sortir le museau d'un crocodile. Il touche Lamée, immobile, qui sent contre son ventre le corps de viande dure de ce petit qui, tout à l'heure, était flasque, dans ses mains comme un sac vide.
— Personne ne nous voit, dit le petit. Ses yeux ont fait le tour du carré de ciel et regardent les yeux de Lamée qui attend, étonné, que l'envie de cogner lui descende dans les mains…
— « Gros baisers de tout le monde… ta petite sœur Paulette… Sois bien sage, nous pensons à toi… ta petite sœur Paulette… Nous nous ennuyons beaucoup de toi… ta petite sœur Paulette. »
— Tu sais lire ? demande Lamée et il reste la bouche ouverte.

— Oui. Et j'ai de la mémoire.
Dans le fond du trou, la litanie des « gros baisers... ta petite sœur Paulette... tout le monde est en bonne santé... ta petite sœur Paulette » reprend, monotone à lasser un saint. Lamée écoute ; l'autre ne regarde même pas les cartes qu'il a sorties de sa poche. Sans changer de ton, il dit :
— Donne-moi une cigarette, je t'ai lu tes lettres.
C'est le tarif, au Pavillon 3. Lamée sort son paquet de tabac de sa poche gauche et ne contrôle pas la grosseur de la pincée prise.
Il attend. Ce petit est de l'autre race : comme la fermière au chignon noir ; comme celui de la ferme qui lui jetait des boules de neige ; comme ceux de l'école qui hurlaient en chœur en regardant les lettres blanches écrites au tableau pendant que Lamée tapait ses pieds, en mesure, sur le plancher.
Lamée, au fond de son trou, gêné comme un vieux paysan qui a fait entrer, par mégarde, un fils de seigneur dans sa maison, attend, oppressé et les oreilles chaudes, que l'autre soit parti pour empoigner le manche de sa bêche.

Hérédité

JEAN-ÉMILE-ROGER NOUVION fut créé tout à fait accidentellement.

Un soir où les maisons de briques attendaient au bord de la route de la Chapelle à Bois-Carré le passage prochain des ouvriers qui défilaient chaque jour comme une troupe prisonnière, la musette flasque, les épaules sans armes et la bouche sans chanson ni appel, Joseph Vertus avait amené la petite Nouvion jusqu'au mur de la briqueterie qui semble ne rien enclore tant il va loin, sans angle ni porte, de la grande route à travers les champs.

Là, appuyée contre le mur, lui les pieds dans une ornière grasse de boue noire, ils avaient fait l'amour. Ils n'avaient pas le temps d'aller jusqu'à la grange et l'herbe du chemin vert était encore mouillée pour longtemps de la pluie de ces dernières semaines.

— Il est huit heures, dit la petite Nouvion lorsque Joseph eut soufflé un peu fort.

— Je l'sais bien.

— Faut que je rentre.

— Ben, j't'ai jamais dit le contraire.

Et la petite Nouvion rejoignit la grande route, ni plus sale, ni plus propre, ni plus gaie, ni plus triste que les autres soirs. Il pleuvait à nouveau. Elle se mit à courir. Son pied droit était glacé et, engourdi, la faisait boiter.

— Et dire, pensait-elle, que je ne l'ai pas senti se refroidir tout à l'heure. J'étais bien trop occupée. Elle eut un sourire pour remercier celui qui l'avait portée un moment au-dessus de la boue, au-dessus d'elle-même, puis elle rentra dans sa maison toute pareille aux autres, le long de la route.

Lorsqu'on sut dans la famille Nouvion qu'un enfant devait naître, on accepta sa venue comme on aurait accepté que le père soit ramené, la jambe cassée par un wagonnet renversé, ou que la grand-mère tombe paralysée. Il y a des maisons qui attirent le malheur, bien qu'elles soient toutes si pareilles les unes aux autres, au bord de la route, comme certaines femmes attirent les hommes. « Avec celle-là, il y a moyen » : la brèche est faite, tous s'y pressent. Ainsi les malheurs à la porte de chez les Nouvion.

Ce malheur-là avait deux faces : sombre avant d'arriver, claire lorsqu'il fut là : vêtu d'une peau blanche, orné d'yeux bleus et fixes et de petites mains qui se crispaient autour du doigt offert. On l'appela Jean-Émile-Roger car Joseph, le grand Joseph n'avait rien à voir dans cette histoire, quoiqu'en pensent les ornières de boue noire du chemin de la briqueterie et le mur sans angle ni porte qui semble ne rien enclore et va de la grand-route au milieu des champs.

Le diable arriva beaucoup plus tard dans la vie de Roger Nouvion.

Ce jour-là un douanier, dont l'uniforme bleu était orné de deux galons rouges à la manche, était immobile sur le trottoir. Roger Nouvion revenait de l'école. Le ciel était bleu sans nuage, avec une bande d'oiseaux noirs silencieux, mise là comme pour orner une place vide dans un dessin d'enfant. Roger ne regardait ni le douanier, ni le ciel, ni l'alignement des maisons rouges toutes pareilles, lorsque le diable le prit à la nuque et aux jarrets, le coucha net sur le trottoir et le laissa tendu, les doigts crispés, une écume aux lèvres.

Lorsque Roger tomba pour la deuxième fois, à la maison, entre la table et la cuisinière, sa mère qui le regardait se crisper pensa, lorsqu'il entrouvrait des yeux voilés comme au bord du sommeil : « C'est parce que je l'ai fait étant debout ». Depuis qu'elle avait accouché de Roger, elle ne s'était plus laissée toucher par aucun homme. Elle n'était plus retournée au mur de la briqueterie.
Roger dormait sur le carrelage. Elle alla chercher un oreiller pour lui mettre sous la tête : il bougea un peu la jambe. Elle vit qu'il avait pissé dans son pantalon. La bouilloire chantait sur le feu ; le soleil traversait les rideaux de la fenêtre entrouverte sur le jardin : on se serait cru un dimanche. Mais l'usine avait déjà sifflé deux fois.
Roger ne répondit pas lorsqu'elle demanda, à voix très basse : « Tu ne veux pas te mettre sur le lit, tu serais mieux ? » Il avait un peu de sang au coin des lèvres. La tache de soleil, sur le carrelage, allait bientôt l'atteindre à l'épaule. Le chat léchait, sur les marches du jardin, une boîte à sardines. L'usine avait sifflé deux fois.
Thérèse Nouvion mit son foulard de semaine, rouge et noir, sur ses cheveux, et dehors, se mit à courir sur le trottoir de scories noires, sèches ce jour-là, le long des maisons rouges, inquiète d'être seule, en retard, la dernière, essoufflée par la course et par l'inquiétude, comme lorsqu'elle avait peur, petite, de trouver fermée la porte de l'école.
Roger s'habitua à vivre à la maison. Il vivait un peu comme le chat, mais le bruit qu'il faisait et les traces qu'il laissait étaient en proportion de sa taille. La maison semblait plus petite et les meubles plus fragiles. Lorsqu'il se heurtait à une chaise, il se battait avec elle, la jetait contre le mur, et lorsqu'il tenait dans ses mains le pied ou le dossier brisé, le diable qui n'était pas étranger à ces colères, le laissait reprendre son souffle et disparaissait pour quelques jours. Thérèse le retrouvait repentant et bouffi d'explications embrouillées. Elle ne

l'écoutait pas, déjà accrochée à ses casseroles, comme un acrobate ne quitte un trapèze que pour s'agripper à un autre.
Ce jour-là en revenant de l'usine, Thérèse trouva la maison vide. Elle appela d'abord le chat et puis se reprenant : « Roger, Roger », dans les escaliers du grenier, à la porte de la cave, à celle du jardin, à celle de la rue ; les maisons étaient toutes pareilles, le ciel était lourd de nuages bas, gris et bombés ; vers eux des fumées jaunes montaient sans vigueur. Thrèse remit son foulard et, sans courir, son regard devant elle à la recherche d'un corps couché sur les scories noires, marcha jusqu'à la nuit. Elle se retrouva sur le chemin de la briqueterie qui longeait le mur sans porte. Elle n'y fit que trois pas. Au loin, presque au ras des champs, des nuages disjoints laissaient sourdre une lueur jaune. Elle en ressenti la même épouvante que si elle s'était réveillée soudain avec l'eau de l'océan à mi-jambes. Elle revint à la maison, la lumière jaillie lui fit voir le béret de Roger oublié sur la table. Elle s'assit et se mit à le faire tourner entre ses doigts, comme un chapelet, sans rien dire et sans rien penser. Le chat vint s'endormir en rond sur ses genoux. La pluie tapait sur les toits et sur les pavés de la route. Thérèse en sentait le froid et l'humidité à son cou et à ses pieds. Elle avait le pied droit glacé mais ne bougeait pas, comme enfoncée dans une boue noire qui était en train de l'ensevelir.
Roger Nouvion marchait toujours alors que les premières lueurs du lendemain cherchaient l'eau des flaques pour s'appuyer un peu sur quelque chose venu du ciel, comme elles, avant d'entreprendre l'envahissement des champs froids et hostiles.
Roger était bien sûr accompagné du diable, et ne sentait ni joie, ni fatigue, ni remords, ni espoir, ni froid au ventre, ni brûlure aux pieds.
Il était un morceau de cette vie multiple agglomérée dans les villes, séparé soudain et à la dérive, sans poids ni loi, à travers

les champs. Ainsi dans le ciel des nuits d'août passent des fragments de planètes qui vont errer, en chute libre au fin fond de l'éternité et prennent à nos yeux figure d'étoiles. Roger semblait un garçon en promenade sur les chemins de terre. Sans présent et sans passé, il n'allait pas plus à la rencontre de lui-même que la fumée ne va vers le feu qui l'a créée.

Les champs couverts d'écailles de terre plus habiles qu'on ne pourrait croire à saisir la moindre lumière pour en rejeter le reflet, les arbres chevelus de branches rousses dressés au bord des fossés, les nuages étendus dans un ciel vert avant de tourner au bleu, tous prévenus sans doute par le diable, ne pressentaient pas l'homme au passage de Roger et goûtaient la dernière torpeur qui suit les nuits profondes.

Lorsque le diable lâcha l'épaule de Roger, ils étaient à la porte d'une ferme qui dégorgeait un lent troupeau de vaches.

Roger entra dans la cour. La femme qui le regardait venir, oscillant sur les gros pavés inégaux, vit bien qu'il n'avait pas dormi. Habituée aux bêtes, elle ne lui posa pas de question, le fit entrer dans la cuisine et l'oublia là, occupée ailleurs, dans la chaleur âcre qui suintait de sous les portes des chambres et par les lucarnes des étables.

Un coq chanta et Roger murmura son propre nom retrouvé «…ger Nouvion… » Un cheval tapait du sabot contre un bat-flanc sonore comme un énorme tambour. À chaque coup, Roger se posait la question : « Qu'est-ce que tu viens de foutre ? » Sans répondre, il regardait le fumier au milieu de la cour ; ses doigts cherchaient en vain dans toutes ses poches l'argent d'une commission oubliée, il avait mal aux pieds et sentait ses paupières lourdes pousser vers le sommeil ses pensées engourdies comme un troupeau fatigué se laisse pousser vers l'étable. Il s'endormit sur le bois de table éclaboussé de café, les mains dans les poches, épave brisée d'avoir touché la terre en plein élan vers les abîmes.

Roger Nouvion fut amené au Pavillon 3 car il faut bien soigner les enfants qui sont malades. Le maire s'en est mêlé et Thérèse n'a rien eu à dire. D'ailleurs, lorsqu'elle avait vu Roger debout dans le couloir alors qu'elle le croyait mort, tordu dans un fossé comme une bête crevée depuis trois jours, elle avait eu envie de le punir.

Les médecins connaissent le mur patient de petits cachets ronds qu'il faut construire pour empêcher le diable de revenir. Roger avale ses cachets matin et soir, et le diable perd son temps à galoper le long du mur sans angle ni porte, derrière lequel Roger se cache et dort parmi les autres, habillés de gris comme lui. Un coup de pied, un banc cassé, souvenir des rages anciennes. Ainsi dans les champs où la guerre a passé, éclate après cinq ans, un obus heurté.

Roger dort ses jours. Roger dort ses nuits. Le pavillon est vaste et résonne, à certaines heures, de cris aigus ou de coups sonores comme des coups de tambour. Roger ne murmure plus son nom et ne se pose plus de questions.

Les os grandissent, la chair se forme sans que la tête y soit pour rien. Roger est devenu un jeune homme et Thérèse lorsqu'il est revenu lui a cédé la chambre au grand lit, qui donne sur la rue, pour aller dormir dans la mansarde, sur le lit du chat.

La boîte aux cachets est posée sur le buffet ; Roger ne l'a pas ouverte depuis qu'il est rentré à la maison.

La mansarde où dort Thérèse sent l'urine de matou ; le mois de mars est proche et la lucarne du jardin ferme mal. Les maisons rouges sont toujours toutes pareilles, bien alignées, et les toits bas sous les maigres fumées, le long de la route aux pavés bossus qui va de Bois-Carré à la Chapelle.

Roger va souvent se promener. Le chemin de scories noires qui longe le mur de la briqueterie va droit dans les champs.

Un soir il a croisé une petite fille qui portait un sac plein d'herbe et marchait sur la crête des ornières. Elle avait six ans peut-être, et avait les cheveux cachés par un foulard aux dessins rouges et noirs.

Roger l'a flairée au passage, s'est retourné, l'a saisie à la nuque et aux jarrets pour la coucher par terre, et, le sac d'herbe écrasé par son coude sur la tête blanche qui appelait, puis, le sac repoussé, l'avant-bras sur la gorge où l'air passait en sifflant, l'autre main fouillant son pantalon et les jupes, il a été en trois coups de reins à la rencontre du diable.

Lorsqu'il se releva la petite ne respirait plus, le foulard rouge et noir contre le mur sans porte ni angle, semblait, sur la boue noire, oublié là depuis longtemps.

Jean Laduré

La ville tourne le dos à la mer, bien décidée à éloigner ses quais de l'eau qui ronge et qui cogne, les jours de vent. Mais l'église est trop lourde pour que la ville puisse se soulever.

Il y a longtemps, la ville, un jour de tempête, alors que les vagues arrivaient du large toutes crêtées de colère, a pris peur et a voulu se sauver. Le Bon Dieu lui a dit de rester là. La ville avait trop peur pour écouter les conseils : elle a fait un grand pas vers les terres. Le Bon Dieu, fâché, a jeté vers elle une église pointue comme une aiguille pour fixer la ville où elle était, au bord de la mer, au bas des collines. Le vent était si fort, ce jour-là, que l'aiguille s'est retournée en route et, de son gros bout, a cassé les reins de la ville, raplatie maintenant et incapable de bouger, avec ses rues qui sont des pattes immobiles et la grosse église fichée dans son dos, un peu de travers, tombée droit du ciel.

Pour comprendre cette histoire, il faut être en barque, au large.

On comprend aussi les rages du vent. À force de souffler, il arrive à débarrasser le ciel de tous les nuages gris ou blancs qui l'en encombrent.

Mais le bleu de l'eau, sur la mappemonde de l'école, est taché d'îles et de continents que le vent voudrait nettoyer aussi.

Quand il tend ses forces et s'accroche en sifflant à tous les trous, Jean Laduré attend le grand départ.
Mais le lendemain, à l'école, la mappemonde qui est l'image fidèle de la terre porte les mêmes taches que la veille. Le maître n'annonce pas :
— Le vent de la nuit dernière a enlevé trois îles dans l'océan Atlantique…
Jean Laduré attend cette phrase, espoir de propreté définitive du monde.

Jean Laduré habite rue des Rois une maison jaune. Dans la grande pièce, il y a un buffet, une table, des chaises et une cuisinière. La mère est toujours la même. Les pères se succèdent et se ressemblent tous.
Raides comme des langoustes dans leur vêtement rouge ou bleu, ils ont tous les mêmes gestes pour attirer tout vers eux : la mère, en la tirant par la jupe ou la taille ; la soupière, vers leur assiette ; les murs même, tant leurs jambes et leurs bras sont longs et articulés.
Quand ils ont tout tiré à eux, Jean Laduré se sauve par la petite fenêtre, expulsé dans la rue, le front ridé et l'estomac vide. La rue descend vers le port. Il est tout de suite arrivé au plus loin qu'il puisse aller. La mer est là.
Si Jean Laduré partait de l'autre côté, d'abord il lui faudrait monter, ce qui n'est guère naturel quand on ne sait pas où aller et le voyage serait interminable tant il y a de chemins les uns après les autres et qui se croisent et s'entremêlent.
Le port est un vaste domaine où pourraient vivre, comme des rats, des bandes d'enfants. Mais les maisons sont, de nos temps, si vigilantes, qu'elles comptent, midi et soir, les enfants qui rentrent de l'école, du patronage et des dunes.
Les bateaux comptent les hommes quand ils reviennent des rues ou des cafés.
Jean Laduré n'est pas compté.

Les rues sont étroites. Il a déjà lancé des pavés dans les vitres des magasins. Il a aussi crié pour entendre sa voix monter droit entre les hautes maisons et s'épanouir dans le ciel. Il s'est promené avec un bâton pour frapper sur tout ce qui s'approcherait de lui.

Les hangars du port sont vastes, mais cette nuit Jean Laduré est immense et les hangars sont comme des maisons.

Immense : son squelette et sa peau l'enserrent. Il gesticule pour lutter contre l'étouffement. Il brasse la nuit au bout de laquelle s'ouvre le pays où il serait apaisé et tout-puissant.

« Voilà que ça me reprend », dit-il.

À quoi bon danser, puisque personne ne le regarde ?

Pour faire un boucan qui en vaudrait la peine, il faudrait secouer un hangar jusqu'à ce qu'il s'écroule. Mais les hangars ne se prêtent pas au jeu. Déclencher, du même geste, les sirènes de tous les bateaux endormis sur l'eau noire comme de gros rats crevés.

Debout au bord d'un bassin, Laduré appelle les bateaux.

« Atlantic... A... t... l... a... n... t... i... c... bon, bon... La Paimpolaise... Polaise... à l'aise... ah ! ah ! à l'aise. Au fond... j'ai dit au fond... Kagula... kagula la gamelle... pleine de brin... Demi-tour ! en mer... au large... Pilote. »

Mais la nuit est patiente.

Laduré revient vers les maisons du port aux lumières jaunes alignées comme celles d'un paquebot accosté.

La nuit ne veut pas se battre. Les douaniers ont posé leur vélo à la porte d'un petit bistrot. Les douaniers sont des êtres puissants qui font le tour de la nuit. Il ne faut pas leur marcher sur les pieds à ces animaux bleus.

Laduré sent que s'il met la main sur leur vélo, il va déclencher enfin les forces mystérieuses massées, près de lui, comme un flot derrière une écluse. Le froid du guidon surprend ses mains : il tressaille.

« À pieds, les douaniers », dit-il.
Il court, sans lâcher le vélo. Les roues sautent sur les pavés bossus : Laduré maîtrise la petite bête de fer. Le bruit de ferraille qui l'accompagne le réjouit comme s'il était le cliquetis d'épées entrechoquées pour protéger sa retraite.
« J'ai volé le diable… »
Il rit.

Laduré va-t-à-pieds
ramer aux galères
Laduré va-t-à-pieds
jusqu'en Angleterre…

« Ramer aux galères ? Voilà un événement. Serré au ventre par une chaîne. Ramer, ramer jusqu'à la mort, disait le maître… Et celui qui se levait, assommait celui de devant et assommait celui de derrière et cassait la tête au chef armé de son fouet avec sa rame longue de trente mètres. Quel travail on peut faire avec une rame pareille ! »

Laduré va-t-en-mer
roi de la galère…
roi de la galère…

Il court à côté du vélo. La nuit, la même nuit inerte se referme derrière lui. Il sonne, sonne à casser le timbre, donne des coups de pied dans les rayons, jette le vélo par terre, le ramasse et le jette encore. Le bruit est si petit, si pointu, si maigre dans cette nuit ample et grasse que Laduré s'étreint les oreilles, à pleine poigne, en grimaçant à faire rire une pleine cour d'école.
Il a sauté dans une barque, a dénoué sans chercher la solution du nœud la corde usée qui la retient au quai. Il a repoussé, debout, le bord du quai d'un geste si puissant que c'est plutôt la ville qu'il a repoussée et ses maisons et ses hangars et

l'église pointue et les bistrots aux fenêtres jaunes, avec leurs douaniers qui s'éloignent lentement et s'enfoncent dans la nuit, sale nuit qui ne veut ni rugir, ni s'enflammer, ni se tordre et que Laduré finira bien par punir, à coups de rames, à coups de rames...
« Rrrame... rrrame... rrrrrame... »

— Laduré Jean...
— Le dix-sept novembre mil neuf cent trente...
— Ma mère ? Elle travaille à la maison...
— Père ? L'est mort exprès : il s'est mis sous un train. J'étais petit... Deux ans...
Toutes ces réponses sont indifférentes à Jean Laduré comme des phrases apprises par cœur.
Voilà que « mon père est mort exprès : il s'est mis sous un train... » revient en écho sur ses lèvres. Il a lâché ces mots-là, ce matin, quand on l'a interrogé : à peine s'ils étaient perceptibles tellement il parlait bas et toute sa tête en résonne maintenant, alors que la lumière du soir est aux fenêtres.
On l'a retrouvé, il y a quatre jours, prostré dans la barque, au large. On l'a amené, prostré, du commissariat à l'hôpital, puis dans le train puisqu'il pouvait marcher et se tenir assis, jusqu'au Pavillon 3. On l'a couché à l'infirmerie. Il n'a pas mal ? Non : il ne veut rien ? Non. Il ne faut pas pleurer... Non. Il ne veut pas manger ? Non. Il faut rester couché : non.
Dès que l'infirmier est sorti, Laduré se lève et marche dans le couloir, en tâtant les murs, comme un aveugle ; perdu en lui-même, comme un sourd ; le front ridé comme un vieux couvert de peines.
Il se laisse reconduire à son lit.
Pendant qu'il était dans le couloir, le repas a été servi dans les grosses assiettes blanches, sur les tables de nuit. La sienne a été pillée. Courmont qui habite le lit voisin a trié, doigts prestes et bouche avide toutes les pommes de terre qui

fumaient dans l'assiette abandonnée. Danset a but la bière. Kross a mangé le fromage, d'une bouchée. Tous les trois, vivement recouchés, attendent, les yeux fermés, les oreilles au ras des couvertures, les cris, les questions et les menaces qui doivent jaillir dès que le nouveau aura regagné son lit.

— Vingt-deux : le v'là, dit Kross.

Les six yeux se ferment. Les six oreilles captent le bruit des pieds nus sur le carrelage, le grincement des lames du sommiers, l'essoufflement proche du sanglot d'une bête forcée. Kross ouvre un œil et soulève la tête. Laduré est couché les bras ouverts et le corps perdu comme si ses poignets étaient attachés au fer du lit, depuis des jours.

— L'est maboul, le frère, dit Kross.

Les autres se sont assis sur leur lit.

— L'a mal au ventre.

— Eh ! petit vieux… où c'est que t'as mal ?

— Y fait une gueule comme s'il venait de chier un parapluie ouvert, dit Danset.

— Foutez-lui la paix : le premier qui l'embête, je lui casse la gueule, dit Courmont qui est le plus fort des quatre et n'a pas encore eu l'occasion d'en exprimer sa satisfaction.

Pendant la nuit, Laduré se lève et glisse dans le couloir. Kross réveillé marmonne :

— Où c'est qui va ? Où c'est qui va ? et soudain à haute voix : Où c'est qui va ?… et s'aplatit dans son lit comme si une voix inconnue venait de crier soudain dans la chambre.

— Parti pisser ! dit Courmont.

— Pisser ? C'est Danset qui s'est envoyé sa bière, à midi et au soir…

— J'avais toujours pas soif d'avoir soufflé le fromage… La voix de Danset est étouffée par les couvertures.

— Vos gueules… commande Courmont.

— Qu'est-ce que t'as ? Les patates qui te pèsent sur l'estomac ?

— Tas d'salops... Attendez qu'il fasse clair, vous verrez vos gueules... crie Courmont et il s'assied sur son lit.
— Quoi, nos gueules? et Kross se retourne vers Courmont. Qu'est-ce qu'elles auront nos gueules? Elles font toujours moins de bruit que la tienne.
Danset s'est levé pour aller se pencher à la porte restée ouverte. La veilleuse l'éclaire, maigre des jambes sous sa chemise ample, comme un échassier.
— Gueulez pas comme ça... Il est barré l'frère...
— Par où qui se serait barré : y serait malin.
— J'te dis qui s'est barré...
— À travers les murs?
— J'vous dis qu'il est barré. Y a pas un rat dans le couloir. La porte des chiottes elle est ouverte.
— Ben merde...
— Y s'faufile drôlement avec ses airs de maboul...
— Et le vieux... ?
— Bouge pas. Y pionce dans l'office.
— Oh! dis... J'voudrais déjà voir sa gueule, au vieux, demain matin, quand il va voir qu'il y en a un de barré.
Une joie fébrile agite les trois chemises qui tournoient autour du lit vide et se rassemblent à la porte. Le couloir est vide.
— On se barre aussi? dit Kross le menton tremblant.
— En liquette?
— S'il a trouvé un trou, j'passe derrière, décide Danset et il prend sous son bras une couverture.
— Ah! les vaches, chante Kross et il trépigne en tordant frénétiquement son pan de chemise.
Ils avancent l'un derrière l'autre dans le couloir. La peur leur serre la poitrine.
Laduré est assis sur les marches de l'escalier, la tête appuyée au mur, petit mendiant sur les marches d'une église, mort de froid et du dégoût de l'énorme égoïsme humain.
— Tu vas prendre froid au cul... dit Courmont.

Et ils le ramènent à son lit, déçus par ce miracle manqué, attentifs et silencieux, comme trois bonnes sœurs autour du petit paralytique que la sainte n'a pas exaucé.

Jean Laduré ne dort ni la nuit, ni le jour. Il regarde. Il a jeté en l'air l'autre nuit, la ville, les bateaux, les bassins et les hangars… Non… Il s'est élevé comme une fusée crépitante. Maintenant il tombe et ce sont les maisons, les hangars et les bateaux et les douaniers qui dégringolent à sa rencontre, sans poids ni ordre, tout chargés de méchanceté, l'un après l'autre ou par morceaux. Pour éviter cette chute qui dure depuis quatre jours, Laduré tourne la tête sur son oreiller, se protège le front de son bras plié, et harcelé, cherche une porte, et puis une autre porte, et puis une autre porte encore après celle-ci. Dans le mur de sa maison était une petite fenêtre…

Une porte ? Se jeter à l'eau. Mais on a enlevé les grands bassins où l'eau profonde se frotte contre la pierre grise des quais.

Il y a d'autres portes. S'en tailler une dans le poignet pour que le sang s'écoule. Mais rien ne taille ni ne coupe : le drap, le lit, le plafond, les yeux des autres. Ou bien se serrer le cou jusqu'à ce que tout s'arrête : le souffle, le sang, la dégringolade haineuse de la ville, cette vie douloureuse.

Le douanier est venu. Il est dans le coin de la chambre. Il a une figure énorme dont la peau se confond avec le mur. Il ne reste que deux gros yeux qui sont les yeux du mur.

Laduré est venu appuyer sa tête contre la fenêtre aux vitres étroites. Il sait bien que cette fenêtre ne s'ouvre pas. Il pose ses mains sur son ventre et sa chaleur douce étonne ses mains. Il pleure.

Lorsque Laduré, un matin, est venu prendre la main de Courmont pour lui dire bonjour, Courmont étonné a regardé ses yeux, puis a dit :

— Le v'là qui se réveille…

Kross est venu voir. Il a demandé :

— Ça va mieux ?

Danset a dit :

— Alors te v'là ? Et d'où que tu reviens ?

— D'Audreville, dit Laduré.

Danset hausse les épaules. Mais, comme les deux autres, il se sent débarrassé du petit fantôme qui se promenait toute la nuit et qui pleurait à la fenêtre. Il prononce la phrase d'accueil :

— Qu'est-ce que t'as chipé pour venir ici ?

Dans la chambre voisine, des timbales heurtent les tables.

— V'là le jus, dit Kross. Il pense que c'était son tour aujourd'hui de manger la tartine de Laduré. Danset devait boire le café… Maintenant qu'on est quatre, dit-il, chacun sa part. T'as faim ?

— Oui, dit Laduré.

— M'étonne pas…

Laduré sourit, comme s'il savait et qu'il pardonnât tout.

Les trois autres, assis sur leur lit, sourient en le regardant.

— L'a une bonne gueule, dit Danset.

Le plafond est blanc, les murs sont roses. La chambre sent l'haleine et la sueur de nuit.

— Le premier qui t'embête, t'as qu'à me le dire, dit Courmont, je lui casse la gueule.

Et Laduré sourit si gentiment en le regardant que Courmont se sent ému jusqu'aux larmes. Laduré se recouche et, manière de rire, d'une saccade de poitrine, il envoie un crachat au plafond.

Et les quatre, unis dans la même attente, regardent, yeux extasiés, le crachat qui pend et s'allonge, s'allonge…

La réalité

Chaque fois qu'Amédée sort de sa maison le matin, il espère que les pavés de la rue, les pavés de la route pour l'école vont l'accueillir et l'accepter, qu'il sera, comme eux, dur et solide, que ce matin enfin il entrera dans la grande ronde qui lie les pavés, les maisons et leurs fenêtres, les magasins et leurs vitrines, la porte de l'école et tous les écoliers. Il aspire à entrer dans cette ronde comme un enfant perdu offrirait tout le reste de sa vie et même le temps attendu de ses dix-huit ans pour sentir ses mains, sa main droite et sa main gauche, tenues, prises, enfermées, emboîtées dans des mains d'homme qui ne le lâcheraient plus, quelle que soit la longueur de la route. Il jurerait si l'on veut de ne plus jamais dormir, de ne plus jamais jouer pour sentir ses mains tenues dans celles d'hommes qui seraient de chaque côté de lui, si grands et si forts qu'il pourrait ne pas poser les pieds à terre sans qu'ils baissent seulement l'épaule et sans qu'ils tournent la tête, sans s'apercevoir qu'il est, de tout son corps, suspendu à eux. Même s'ils sont méchants ? Même s'ils sont méchants. Même s'ils frappent ? Même s'ils frappent. Quels qu'ils soient et quelle que soit la longueur du chemin, pourvu qu'une bonne fois ils soient aussi solides que les pavés, aussi durs à toucher que les murs de l'école.
Car Amédée est exclu de la ronde des murs des maisons, des pavés, des portes, de l'herbe où les autres écoliers sont si à l'aise.

Les meubles de sa maison sont durs : il les heurte quelquefois de la tête ou de la hanche pour s'assurer qu'ils sont toujours aussi durs, et il conserve sa douleur aussi longtemps qu'elle est sensible, il l'enfouit dans sa chair, il en garde le souvenir, il fait collection de coups.
Mais dès qu'il est dehors, plus rien ne marque, plus rien n'est vrai, assuré, solide. Il voit seulement, mais ses yeux le trompent. Il a passé une barrière, et dans quel monde est-il tombé ? Ses oreilles entendent, mais ses oreilles le trompent. Entend-on et voit-on dans les rêves ?
Amédée a eu de brusques sursauts. Sous prétexte de jeu, il a sauté à pieds joints, rageusement, plus haut, plus longtemps, plus fort que les autres ; mais pendant qu'il se régalait du bruit fait par ses semelles sur les dalles du préau, du choc douloureux qui l'ébranlait jusqu'à la nuque, il faisait s'éloigner les autres, inquiets, et lorsqu'il regardait autour de lui, il était solitaire. Bien plus solitaire qu'avant, bien plus étrange, cela se voyait aux regards furtifs qu'il sentait glisser sur lui. La ronde était rompue et reprise sans lui par les autres écoliers ; de plain-pied, il les voyait avec les arbres, avec les murs, avec les portes, avec les cailloux, à l'aise comme des enfants sur une plage. Et Amédée les regardait, Amédée tout seul sur l'océan qu'ils ignoraient, écœuré jusqu'au vertige et étranger à sa sueur même qui lui coulait de sous les bras.
À force de patience, à force de ténacité involontaire, à force de revenir toujours au même endroit, prodigue de son temps comme un balancier de pendule, tel un homme qui a trouvé la femme qu'il va aimer, Amédée a trouvé des pierres aussi vraies à sa tête, à ses mains, à son dos, à ses hanches que les coins de la table de sa maison.
Ces pierres sont grises avec des points brillants qu'on ne voit pas de loin, rugueuses, et elles vont, empilées les unes sur les autres, bien plus haut que les murs des maisons. Ce sont les pierres du clocher.

Amédée a pour ami le clocher gris qui se termine dans le ciel en tour carrée. Ses fenêtres sont longues et fort enfoncées ; le clocher dort souvent, on ne voit pas ses yeux. Mais quand la lumière les force à s'ouvrir, ils sont bleus et rouges et verts et jaunes : ce sont des vitraux. Amédée peut être fier de son ami et il l'est ; il a mis longtemps pour le trouver et pour se faire admettre par lui ; mais quelle masse, quelle force ! Combien de bras étendus faudrait-il pour en faire le tour ?

La terre, à ses pieds, est de scories noires. Quand il pleut (et Amédée ne quitte pas son clocher quand il pleut, c'est à ce moment-là qu'ils sont le plus tranquilles, la place est déserte comme lorsque la nuit va venir) les gouttes font le bruit d'un piétinement dont les traces sont visibles, à mesure qu'elles se font dans la cendre noire. Voilà un troupeau que personne ne voit mais dont le passage est familier à Amédée.

Et savez-vous ce qu'Amédée fait avec les crottes que laisse toujours un troupeau derrière lui ? Il les ramasse, ça n'est pas sale, pas plus sale que du crottin de cheval ou des petites billes noires de mouton, et ça n'a pas d'odeur. Il les ramasse et les porte au pied du clocher gris, là où il a déposé au fond de trous profonds d'un doigt, une par trou, les graines de fleurs dont il a pris quatre sachets dans le tiroir du buffet où grand-père range ses semences pour le jardin.

Et quand ça sera l'été, les fleurs vont s'ouvrir, d'abord une petite pousse verte, puis une tige, des feuilles, des pétales enfin. Et même lorsqu'il sera endormi, ses yeux profonds remplis d'ombre, le clocher verra clair par tous ces petits yeux de toutes les couleurs qu'Amédée lui a mis au pied.

Les fleurs ne sont pas venues. Le crottin du troupeau innombrable qui a passé tant de fois pourtant autour de la place n'a pas suffi à graisser la cendre noire. Le clocher gris n'ouvre ses yeux que lorsqu'il lui plaît, lorsqu'il fait du soleil, et pour n'importe qui, même le Dimanche, souvent le Dimanche

alors que la place est envahie par tant de monde qu'Amédée passe loin, et voit, les yeux secs et le cœur gros, les vitraux clignoter.
Clins d'yeux complices : « Grand salopard de clocher, pourri, vieille charogne, je te pisserai dessus. »
Amédée, un lundi matin, le ventre contre les pierres grises et les jambes écartées, a ouvert sa braguette, le petit bout de chair blanche qu'il a sorti tremblait entre ses doigts. Il n'a pas pu pisser.
Alors, en revenant de l'école, à quatre heures, il a ramassé des pierres, il en a fourré plein ses poches. Il s'est arrêté près du clocher et la rage aux lèvres, il a jeté les pierres vers les vitraux. Les premières ont rebondi sur le clocher, brusquement, une s'est engloutie dans l'ombre. Le bruit de carreau éclaté est tombé dans l'ouate de silence, à l'intérieur de l'église.
Amédée attendait une rage, une catastrophe, une guigne prodigieuse qui aurait jailli dans le ciel.
Ce dédain calme l'exaspère, il jette les pierres par poignées, il gratte la poussière noire à ses pieds pour la jeter aussi, il se retourne vers les maisons qui ont ouvert leur porte.
Amédée au Pavillon 3 est bien plus heureux que lorsqu'il était écolier en ville. Il est partout chez lui, dans les couloirs, dans les salles, même dans le jardin, il est partout à l'aise. Son domaine s'est agrandi.
Pour lui, comme pour les autres, ce qui est de l'autre côté des grilles n'est pas très vrai et, de toute façon, inabordable. Ils sont deux cents naufragés sur son île, et lui connaît de longue date le métier de naufragé.
Il collectionne tout ce qu'il trouve, clous, cailloux, pages de cahiers, écrous, piécettes, journaux, boutons dans une grande boîte qu'Amédée tient entrouverte sur ses genoux.
Voilà le trésor ; les autres gâchent et après avoir éparpillé au long du jour leur richesse, le soir venu, ils se penchent sur la

boîte qu'Amédée tient entrouverte sur ses genoux, dans le coin le plus sombre du réfectoire. Chacun reconnaît son bien au passage, mais Amédée a les yeux vifs et la main prompte. Il ne laisse toucher que ce qu'il veut bien.

Parfois même, il permet à un autre d'emporter une pièce du trésor, mais, sans qu'il ait besoin d'écrire, sa comptabilité est bien à jour, et il est si tenace qu'il n'arrive jamais qu'un objet prêté ne réintègre pas la boîte à la date fixée.

Amédée a donc de nombreux amis, car il tient dans sa boîte, dure, palpable, empruntable, la réalité elle-même.

Le bouquet

À TRAVERS les vitres encore mouillées, le soleil semble une araignée de lumière qui court, grimpe et gesticule sur le toit de la serre lorsque Bello bouge la tête. Et Bello se balance d'un côté, de l'autre pour faire courir et sauter la grosse bête jaune, scintillante et affolée.

Bello se couche : au bord du toit de verre, l'araignée immobile se laisse boire par le soleil. Couché dans la chaleur de la serre comme au flanc d'une énorme bête, Bello dort. Il a les joues de pomme rouge, la bouche en quartier de lune et le corps chétif et noueux des nains nés, par hasard, de très vieilles montagnes.

Le silence chaud se gonfle dans la serre ; le lent travail des sèves et des couleurs s'active pendant que les hommes n'y sont pas. Les autres garçons de l'équipe du fleuriste sont partis avec les bouquets.

Tous les samedis matin, on porte les bouquets dans les habitations de l'hôpital. Ils sont préparés par le patron et posés près de la pompe. Jeantet prend le plus gros, qui est pour la maison du directeur. Lanvin connaît le sien, aux queues plus longues, qui est pour la maison du médecin-chef. Manteau ramasse celui qui reste pour le porter chez l'économe.

Ils partent de front, avec leur bouquet dans les bras ; ils suivent l'allée centrale, comme trois copains derrière le corbillard du quatrième, se séparent près du bassin. Lorsqu'ils s'y retrouvent, Jeantet achève de manger la poire que lui a donnée madame la directrice; Lanvin décolle d'un doigt minutieux les dernières miettes du pain d'épice de madame l'économe, collées à ses dents; Manteau garde dans sa poche un morceau de la tartine beurrée que lui a tendue la fille du médecin-chef. Ainsi s'achève la semaine.

Bello n'a jamais participé à cette fête; parce qu'il a perdu une chaussure; parce que son pantalon est déchiré; parce qu'il n'a plus de cheveux, on a dû les lui raser pour décourager les poux; parce qu'il a attrapé la gale et ses mains sont gantées d'un onguent rouge; parce que les bouquets sont trois et qu'il y a quatre garçons à l'équipe du fleuriste.

Tous les samedis matin, Bello danse autour des bouquets posés autour de la pompe comme s'il retenait une lancinante envie de pisser; il passe sa langue sur ses lèvres; il sourit en secouant la tête; il cligne les yeux et son cœur bat. Il est le petit frère ivre d'attente près des bouquets et des toilettes, au matin du jour où sa grande sœur se marie. Mais la fête n'est pas pour lui.

Lorsque les trois bouquets sont partis, Bello s'assied près de la pompe et répond à l'eau qui grogne par des jurons qu'il invente.

Ce duo l'apaise jusqu'au sommeil. Le nez emperlé de sueur, il mûrit, jeté près de la pompe, sa petite trogne rouge sur son corps recroquevillé, comme un masque jeté après la fête sur un tas d'oripeaux salis.

Les autres sont revenus. Le bruit de leurs voix n'a pas réveillé Bello.

— L'est crevé, dit Jeantet.

— Et non : les morts ça pue.

— T'en as déjà sentis ?

— Ma grand-mère.

— D'quoi ça sentait ?

— L'chrysanthème.

— Ça dépend de quoi qui sont morts, dit Manteau. Y en a qui sentent autrement que ça.
Ils sont tous les trois debout, immobiles autour de la pompe où gisaient les bouquets, tout à l'heure.
— Et ben ça pue, dit Jeantet.
— Mais non, son ventre remue.
Manteau se penche vers la pompe mais Bello ouvre un œil :
— Vous avez eu le pain d'épice ? et les poires ?
Les trois autres se retournent, sans rien dire.
Le soleil chauffe les vitres qui semblent peintes au bleu de ciel.

Bello a dans la tête des idées qui sont toutes pareilles, simples et blanches comme des papillons. Il n'a jamais pu en attraper une. Ce vol multiple et ininterrompu met de la gaieté dans ses yeux.
L'idée que Bello a dans la tête aujourd'hui vient de son ventre ; les yeux de Bello sont graves ; il écoute bourdonner « pain d'épice et poires », un projet sérieux dont le vol puissant et tumultueux a chassé de sa tête les papillons blancs.
Il va prendre un gros bouquet où seront assemblées toutes les fleurs de la serre, dans ses bras. Il s'en ira et puis après avoir beaucoup marché, il frappera à une grande porte, saluera, donnera le bouquet et repartira les poches gonflées de si gros morceaux de pain d'épice qu'il devra en garder pour la nuit et le lendemain.
Depuis lundi, en balayant les allées, Bello choisit les fleurs qu'il emportera.
Quand il lève la tête il voit, plus loin que la grille du jardin, plus loin que les champs, plus haut que les toits rouges des maisons, une colline appuyée sur le ciel, à peine bleue, à peine verte, à peine grise, couleur de brume.
Bello sait que, sur la colline, se construit le château fort où vit le seigneur qui n'a pour se distraire que la chasse et la guerre, qui vit avec ses chiens et qui est le plus riche puisque tout le monde travaille pour lui.

Le moment le plus risqué sera celui de la révérence. Bello appuyé sur son balai salue profondément tous les arbres qui bordent l'allée.
Lors de la rentrée, vendredi soir, au Pavillon, des quatre fleuristes Bello manquait.

Près de la serre est un ancien puits. Bello y est caché. La tête levée, recroquevillé comme un insecte fatigué de gratter la boîte qui l'enferme, il attend que le couvercle de ciel soit piqueté de trous pour le soulever et se glisser dehors.
Les étoiles sont là. Bello cueille des fleurs. Jamais il n'a travaillé avec autant d'ordre et de patience : les blanches d'abord qu'il vient poser dans l'allée sans les serrer contre lui ; puis les jaunes et les rouges et d'autres dont il ne sait pas nommer les couleurs.
Il dit : « blanche… blanche… blanche… ». Puis ; « jaune… jaune… rouge… rouge… sais pas… sais pas… sais pas… ». Il ramasse le bouquet à pleins bras et la tête enfouie dans les fleurs, orgueilleux comme un paysan dont le coucher du soleil n'a pu interrompre le labeur tant la récolte est douce à son cœur, il traverse les jardins jusqu'au grillage qui les entoure.
Là il s'accroupit et une par une, soigneux et prodigue de son temps, il passe toutes les fleurs entre les mailles de fil de fer.
Il sait que les surveillants le cherchent mais la nuit met entre eux et lui un mur épais derrière lequel il travaille bien à l'abri.
Les fleurs sont fragiles et ses mains adroites. La nuit fraîche envahit sa tête ; il ferme les yeux et travaille en aveugle ; il dit : « rouge… rouge… jaune… » parce que ses doigts se souviennent.
Il a franchi le grillage qui pourrait monter jusqu'au ciel sans être pour lui un obstacle infranchissable. Quel mur de prison, aussi haut et lisse soit-il, n'est franchi par une fourmi ? Bello ne se soucie guère des obstacles dressés par les hommes tant il est dur et décidé.

Dans le grand courant de la nuit qui coule sur les champs, Bello porte son bouquet. Dans la nuit où le rouge, le vert et le jaune se perdent, les fleurs blanches apparaissent comme un vol de papillons blancs au repos sur la poitrine de Bello. « J'étais crevé, qu'il disait Jeantet. Comment qu'il trotte le crevé ! Le plus important, c'est d'arriver ; après, c'est la révérence, quand la porte s'ouvrira... quand la porte s'ouvrira... ».
Bello sourit et s'incline et le bouquet danse avec lui.
« Arriver au vrai château !... »

Bello sait qu'il est perdu. La nuit l'entraîne, il marche, il marche : comme une fourmi sur une bûchette emportée par la force lisse du courant, au milieu de la rivière. Mais Bello n'est pas une fourmi : il sait que la nuit l'emporte et qu'il ne rejoindra jamais le bord clair de demain.
Il se couche dans l'herbe, au bord du fossé. Les arbres font des gestes dont il ne s'effraie pas. Le parfum des fleurs fatiguées glisse une chaleur dans sa tête. Il s'endort.
Bello trempé de rosée a ouvert les yeux au moment où le cortège des êtres de brume blanche qui traînent derrière la nuit s'en allait à travers champs.
Il a faim. Il sent son estomac comme une poche énorme qui lui pend jusqu'aux jarrets et lui ôte la force de marcher. Il lui avait promis du pain d'épice et des poires plus qu'il n'en pourrait contenir.
— Manger, dit l'estomac.
— Manger quoi ? dit Bello, et il regarde la rive de jour où la nuit l'a jeté : des prairies, des prairies, des barrières. Il mâche sa salive ; son estomac crie comme une bête oubliée par le gardien, au fond de sa fosse, depuis des jours.
— Manger..., dit Bello et il s'abat, la tête dans les fleurs. Une fleur blanche est à portée de ses lèvres. Il la mange ; puis une

jaune ; puis une rouge : amère. Bello mange son bouquet. Il se dit que le rouge est couleur de carotte, le jaune couleur de crème et le blanc couleur de fromage.

— Les vaches, toute la journée, mangent de l'herbe, dit Bello à son estomac, et elles sont d'énormes animaux. Il suffit d'en manger assez. Les petites fleurs jaunes sont un peu sucrées.

Mais Bello sait qu'il ment. Son estomac bondit et griffe, dans son ventre. Il pleure, les yeux ouverts et le soleil qui monte par là met dans les larmes une araignée de lumière, plus petite que celle de la serre, mais aussi gaie.

Bello, amusé, cligne les yeux pour la faire gigoter.

Les Vagabonds efficaces

À Georges Herchelbout
et Henri Glorie,
ouvriers
et à tous les camarades
délinquants et éducateurs
de l'ex-centre d'observation
de la région de Lille.

1. Le bien, le mal et leurs champions

En 1945 j'écrivais *Graine de Crapule* après avoir vécu quelques années avec les enfants inadaptés. Petit livre né au hasard des journées. Amer, m'a-t-on dit.
Amer ? L'enthousiasme du premier effort m'avait suggéré ces refrains improvisés en marchant.
Chargé – tant ces petites formules étaient plaisantes à toutes les oreilles ? – de diriger un centre d'observation pour enfants difficiles et décidé à ne pas laisser se perdre et s'amoindrir dans le fouillis du quotidien les petites formules par moi-même écrites, je devais aux lecteurs de *Graine de Crapule* de rédiger un carnet de route qui leur raconterait comment l'expérience malmène ou soutient la flottille fragile – certains la

Le bien, le mal
et leurs champions

prétendent toute de papier plié orné d'utopie – des principes d'éducation active.

J'ai pu prendre sur le fait les naufrageurs honteux de cette flottille. Les témoignages qui me sont parvenus par la suite, d'autres éducateurs aux prises avec les difficultés qui ont été les miennes, me poussent à désigner clairement les ennemis de l'enfance, ennemis souvent inconscients car ils sont d'abord les ennemis d'eux-mêmes, depuis leur prime jeunesse. Il m'a été donné de les rencontrer souvent, car leur avant-garde milite dans les établissements d'éducation et leur état-major siège dans les comités, conseils, associations qui se chargent de protéger l'enfance. L'adresse de ces gens pour accepter et assimiler apparemment des vérités qu'ils n'osent pas contredire n'a d'égale que l'habileté patiente qu'ils déploient pour éviter la mise en pratique sincère de principes dangereux pour le confort moral et social dont ils sont les représentants patentés et prudents.

Ils pullulent autour des enfants en danger « moral », délinquants ou inadaptés. Partisans sournois d'un ordre social pourri et qui s'écroule de partout, ils s'affairent autour des victimes les plus flagrantes des éboulements : les enfants misérables. Importuns et tenaces, ils se rassemblent comme des mouches et leur activité bourdonnante et bienfaitrice camoufle un simple besoin de pondre dans cette viande à peine vivante leurs propres désirs d'obéissance servile, de conformisme avachi et de moralisme de pacotille.

Ils emploient volontiers un terme magnifique, somptueux de bêtise, perle qui se grossit des sécrétions de mille comités accrochés à la table des administratives réunions comme des huîtres sur leur rocher : le redressement moral. Comme si les enfants avaient quelque part un morceau d'on ne sait quoi, bien droit chez les uns, tordu chez les autres, et qu'on façonnerait en forme d'échine courbée à petits coups d'exemples,

à petits coups de trois petits-beurres les jours de visites ou de grande fête.
Tous ces administratifs petits pontes cachent la mollesse de leur caractère dans leur situation sociale comme le bernard-l'hermite protège son ventre dans une coquille empruntée. Eux qui sont des insuffisants sociaux docilement résignés à un emploi monotone notoirement inefficace, que peuvent-ils comprendre à des enfants qui ont l'invraisemblable audace de manifester des troubles du comportement ?
Ils aiment l'ordre, les rapports écrits pour être couverts et les médisances orales pour être renseignés. Ils ignorent ce qu'un groupe de gosses peut consommer d'énergie, de clous, de briques, de semelles, de temps, d'idées, de tout, de tout.
Un établissement bien « administré », est-ce que ça veut dire que tout ce qui y vit va bientôt crever ?
Dans cet éternel combat des actifs contre les assis, j'en appelle aux psychologues, psychiatres, biologistes, pédagogues qui s'éloignent à la découverte de l'homme, sans entendre les appels désespérés des éducateurs qui, au hasard des établissements, essaient d'aider à vivre les enfants rassemblés autour d'eux et se sentent sournoisement enlisés, les enfants et eux-mêmes, dans les « circonstances » désuètes et mesquines imposées par les actuelles administrations.
Éducateurs... ? Qui êtes-vous ? Formés, comme on dit, dans des stages ou dans des cours nationaux ou internationaux, instruits sans aucun souci préalable de savoir si vous avez dans le ventre un minimum d'intuition, d'imagination créatrice et de sympathie envers l'homme, abreuvés de vocabulaire médico-scientifique et de techniques esquissées, on vous lâche, pour la plupart enfantins issus de bourgeois, encore tout encoquillés dans vous-mêmes, en pleine misère humaine.
Et bon an, mal an, petites marionnettes par-ci, petits chœurs par-là, tests et pipeaux, complexes et statistiques, congrès et rapports tissent un filet de camouflage sur cette mystérieuse

ordure sociale de l'enfance inadaptée qui crève en taudis, tourne mal en maison bourgeoise et croupit encore bien plus souvent qu'on ne veut le dire dans des annexes de prison ou d'inhumains établissements.

PUISQUE « j'» ai rédigé ce carnet de route, je crois utile d'esquisser, dans cette préface, une très rapide auto-observation de ce « je ».

Toujours replié sur moi-même à en avoir mal à l'os plat du milieu de la poitrine qui doit être la pliure de l'homme, voilà que je ne suis pas symétrique et que je ne suis jamais semblable à moi-même. Il y a une bonne partie de ce moi-même, informe, plastique, affectif, qui prend les empreintes comme le mastic du serrurier.

Me voilà depuis bientôt dix ans parmi ceux qui mettent le feu aux fermes, volent le charbon dans les péniches, ceux qui fraudent et vagabondent, ces racailles de moins de dix-huit ans qui criment, ingratent, assistancepubliquent, et se masturbent l'existence. Vérole, alcool, tuberculose, indiscutablement. Taudis, vacherie humaine, mères lapines et le père sur la fille, voilà qui va sans dire.

J'en veux énormément au cancer capitaliste qui va, comme on dit, atteindre le cœur. Il est probable que ça va puer encore un moment dans la cité. Mais demain ?

Il serait dommage que dans les villes-jardins, dans les écoles offertes au soleil, les enfants soient gris, monotones et dociles, hébétés par des siècles de méfiance envers l'homme.

Donc, depuis dix ans, je suis souvent avec « eux », sans une once de dévouement, et avec quelques garçons et filles pour qui j'ai de l'amitié. Et je parle de moi-même, de mon attitude vis-à-vis des difficultés pittoresques de mon métier. J'invente, en leur parlant, des réflexes ou des intuitions que je n'ai pas eus. Et, de mensonges en sur-simulation, je me forme. Je deviens l'éducateur que j'aurais dû être, un peu essoufflé de courir après ce moi-même par moi décrit dans des moments d'enthousiasme.

Retors, buté, vaniteux et exigeant dans la vie courante, toujours pris dans le réseau social comme un vagabond dans des barbelés de clôture, je suis, devant le plus loqueteux des fugueurs entraînés par deux gendarmes, comme un peintre à la technique stable devant un dessin d'enfant, désagréablement conscient de ma sociabilité.

Je devine l'autre en train de faire un rapide inventaire de ses derniers délits et d'évaluer en nombre de cigarettes la poussière de tabac rassemblée dans la seule de ses poches qui ait encore une doublure. Je ressens son malaise devant les gens en uniforme. Mon père était officier. Mon grand-père capitaine des douanes.

J'« ai », comme on dit, un petit enfant. Il y a, entre lui et moi, une rupture latente : ma mort, qui doit arriver une trentaine d'années au moins avant la sienne, et j'apprécie chaque jour cette séparation posée entre « mon » enfant et moi comme un coin qui nous écarte l'un de l'autre, m'aiguille vers ma disparition alors qu'il lui échoit une vie neuve et vierge.

Mais je comprends mieux comment la préoccupation mesquine d'éternité individuelle porte ceux-là mêmes qui ne croient pourtant plus au paradis à vouloir se prolonger, à toute force, tels qu'ils sont. Il me semble voir d'innombrables parents abusifs, porteurs de pleins paniers de préjugés, s'en aller vers la vieillesse craintive à cheval sur leurs enfants comme des arabes sur leur âne.

Et quand les parents ne sont pas là, quand les enfants sont confiés, je sais comment les paniers se font plus lourds, les coups de trique plus féroces et sournois, le picotin plus rare, car les caravaniers veulent de l'ordre dans le petit cortège gris de l'enfance inadaptée qui rue et renâcle ou se tait inlassablement.

Amoral ? – En tout cas, pas du tout partisan de la morale « qui a cours », comme on dit en bourse.

Asocial ? – Certainement étranger à cette hypocrite exploitation de l'homme par l'homme, à cette sudation d'ennui, à toute hiérarchie préétablie.

Mais je ressens l'égoïsme comme une acrobatie mentale qui, à la première hésitation, vous laisse les reins cassés au fond de votre propre angoisse.

Alors je cherche, avec ceux qui n'ont pas trouvé pour compagnons.

2. Carnet de route (janvier 1945-mai 1946)

Je suis directeur pédagogique du Centre d'observation pour enfants inadaptés de la région de Lille.

Pendant trois ans, j'ai été éducateur dans un institut médico-pédagogique de la région, grand bâtiment blanc dans l'enceinte d'un asile d'aliénés. Des fous, comme on dit, par centaines, chemise grise et velours marron, des allées cimentées devant l'administration et boueuses entre les pavillons, des petits parterres de fleurs autour desquels sont assoupis tant d'hommes et de garçons limaces que l'on peut se demander si chaque pétale et chaque feuille ne sont pas, chaque jour, attachés à la main. Des médecins, des comptables, des gardiens, des religieuses.

Des centaines d'enfants amenés là par vérole, alcoolisme, tuberculose, mauvais caractère et certificat médical, placement volontaire ou administratif et ordonnance de garde provisoire. Le tribunal pour enfants et adolescents et les services sociaux s'y soulagent entre les rosiers.

J'ÉTAIS RESPONSABLE d'un groupe d'une centaine de jeunes garçons étiquetés anormaux, résidus de maisons de rééducation ou de foyers d'Assistance publique pour la plupart. Les ateliers créés, le sport mis en train, les gardiens se transformant en éducateurs, les loisirs tout ornés de théâtre et de chant, voilà un pavillon, comme on dit, qui marchait.

Qui marchait au pas, de l'asile au stade, comme des soldats. Or les soldats qui passaient et repassaient dans les rues d'une petite ville du Nord, en 1942, savaient on ne peut mieux chanter en chœur et à plusieurs voix.

De même mes grands anormaux.

Autour de ces soldats, en 1942, il y avait des brochures, des petites légendes, des revues illustrées, une atmosphère qui commençait à se préciser.

Une nuit, j'ai trouvé un des garçons, debout, poings aux hanches, jambes écartées, de garde à la porte de son dortoir. Trente sur la centaine avaient prêté serment. Devant quoi ? Devant un dessin au fusain, agrandissement de ma propre photographie.

Réussite technique immédiate. Atmosphère interne bien vivante. Troubles du comportement réduits à leur plus simple expression. Dynamisme rare émanant d'un groupe de cent anormaux. Félicitations unanimes des spécialistes et intérêt marqué des ministères.

Moi je savais bien (toute vanité mise à part) que j'étais en train de faire le pitre. La preuve ? Les seuls élèves « sortis » pendant cette année-là qui ne soient pas rentrés par la petite porte, quelques semaines plus tard, soit parce qu'ils avaient encore violé leur petite sœur, soit parce qu'ils étaient dégoûtés de la monotonie tatillonne du travail quotidien et de la vie de famille, furent les engagés volontaires dans la légion noire ou, mieux, dans les SS.

Un jour, sur la grand-place de Lille, quatre d'entre eux, que je n'avais pas reconnus (je ne dévisageais guère les Allemands

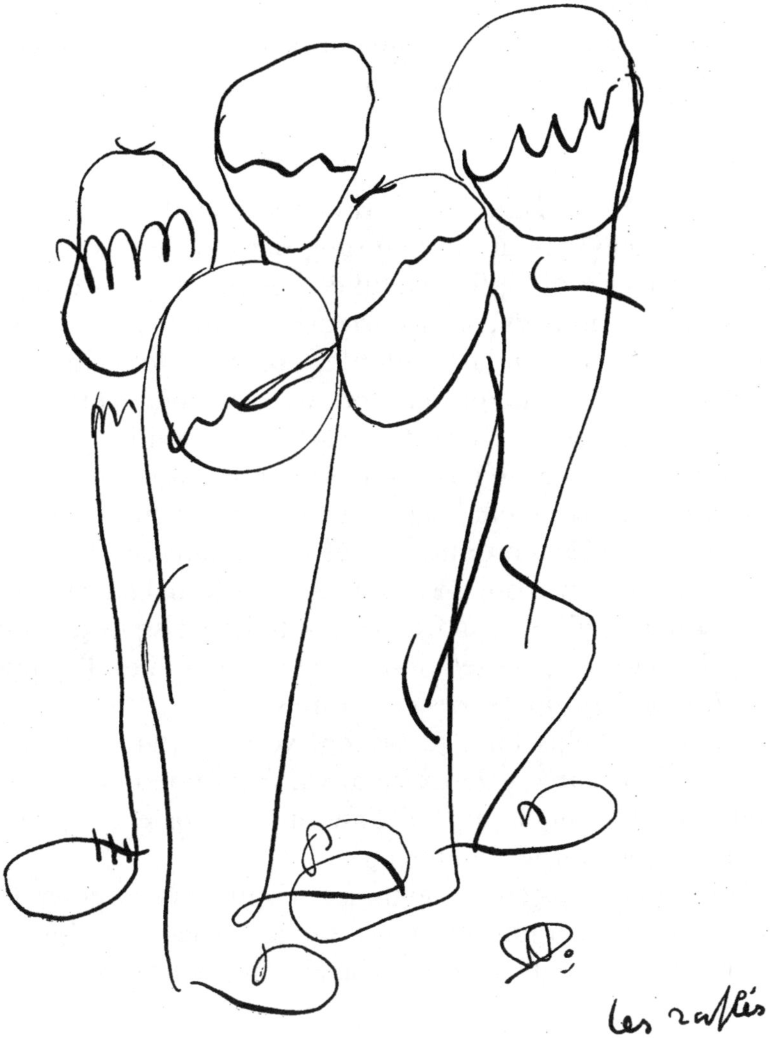
Les raflés

sous casque) m'ont entouré, rigolards : « Et si on vous foutait en tôle ? » qu'ils m'ont dit, « on est justement de service à la prison de Loos ».
Ils ne m'ont pas entraîné comme ils l'auraient fait si j'étais en train d'écrire une nouvelle.

Il ne s'agit pas de rejeter d'office le chant choral en marchant au pas, en rang par quatre, l'admiration pour le chef, la discipline statufiée, les hurlements collectifs et les brimborions décoratifs accrochés à toutes les jointures sans compter ceux qui décorent les poitrines, les ceintures et les chapeaux. Un enfant peut tout user. Moments mystiques, moments fascistes, rougeole, scarlatine, oreillons, homosexualité, ça ne s'évite pas, ça ne se garde pas secret au fond du cœur ou de la moelle, ça se crache, ça vient au-dessus pour être brossé, brûlé, consommé. Les plus mauvaises habitudes sont celles qu'on n'ose pas prendre, car le balancier de vie dans son magnifique et fragile va-et-vient risque de rester accroché dans cette végétation monstrueuse qui est l'apanage mystérieux des apparences conformes.
Et, sans aller plus loin, je préfère voir un petit ruban sur l'épaule d'un garçon de treize ans qu'à la boutonnière d'un monsieur de cinquante. S'il faut que ça sorte un jour ou l'autre, le plus tôt sera le mieux.
Mais il ne faut pas croire qu'un gosse qui a vécu pendant un an ou plus, tour à tour enthousiaste et docile à la volonté de l'éducateur présent, peut être classé bon pour la vie.

Il faut s'attendre (et les témoignages dans le passé sont multiples) à ce que les tentatives pédagogiques honnêtes soient des échecs et soupçonner l'escroquerie

sous le couvert de tous les succès éclatants et immédiats. Car les éducateurs sont jugés par les adultes ambiants et jamais sur l'œuvre faite à peine perceptible dix ou vingt ans plus tard.
Pour le centre d'observation, j'ai fourni d'innombrables rapports préalables, discuté plans et devis.
Il s'agit d'observer, pendant trois mois, les « mineurs » de la région qui ont volé, blessé, vagabondé, fraudé, ceux dont les parents sont en instance de déchéance, ceux dont tout le quartier se plaint, qui récidivent, qui menacent, qui disparaissent, qui fracturent les tiroirs-caisse, qui jouent par trop ouvertement de la braguette, les inadaptés sociaux de moins de dix-huit ans.
Ceux, du moins, dont l'inadaptation sociale est remarquable, flagrante, décrite dans l'ahurissant style gendarme revêtu du baudrier :
— « est donc convaincu d'avoir dérobé nuitamment huit lapins dont trois sous poils gris » [*sic*].
Car qui paierait pour ceux que la justice ignore encore ?
Sur plans en tant d'exemplaires contresignés et cachetés, le centre était composé de petits pavillons pourvus d'un matériel robuste et sur des hectares de terrain se dessinaient ateliers, cuisines, emplacement de sport et de jeux, le tout situé dans une proche banlieue ouvrière.

PAR CE BEAU MOIS de janvier tout neuf, il m'échoit une grande villa dans une banlieue très bourgeoise à pignons sur parcs et lèvres pincées sur les élans du cœur comme un sphincter bien élevé sur un pet.
Un hectare et demi de parc avec petit souterrain, petit pavillon, petit bassin, grands arbres. De hautes portes aux serrures fragiles huilées pendant vingt ans par l'obséquiosité de vieux serviteurs, des cheminées tarabiscotées en la matière

dont on fait les souvenirs que l'on dépose sur les tombes des onclétantes. Une concierge aux aguets, attentive à la rhubarbe que l'on fait pousser pour la confiture de « Madame » retenue dans une maison de famille par son grand âge.
Les Allemands viennent de partir. Ils ont laissé des lavabos supplémentaires dans les chambres du second étage, une voiture sans pneus sous le hangar à bois, un mort dans le parc, allongé sous quelques centimètres de terre, un homme de cinquante ans qui porte l'uniforme de leur armée et qui a, paraît-il, manifesté sa joie que la guerre finisse enfin. Ils l'ont mis debout contre un arbre. Ils lui ont troué la peau en plusieurs endroits. Ils ont éraflé l'arbre. Ils ont gratté la terre, étendu l'homme, ramené la terre. Comme font les chats. Les Allemands sont très propres. Ils n'ont pas marché sur la rhubarbe, ce dont les pignons à tourelles qui regardent très discrètement à travers les feuilles des grands arbres de la propriété leur sont fort reconnaissants.
Quelques moniteurs embauchés un peu pêle-mêle sur références et diplômes, un moniteur-chef qui connaît son métier et moi-même, nous essayons de trouver quelques lits, des couvertures et nous attendons.

LES TROIS PREMIERS qui arrivent viennent de la prison.
Ils regardent à peine le « château » (déjà l'habitude de ne rien regarder).
Dans l'une des grandes salles, assis, ils commencent à zyeuter les grandes fenêtres à petits coups furtifs, comme on regarde les jambes d'une fille.
Ils sont accablés de questions par les moniteurs avides et empressés à les servir. Et leur santé et leur âge et leur passé et de quoi sont morts leurs grands-parents et le prénom de leur petite sœur et s'ils aiment le football.

Hébétés, ensommeillés, faute de pouvoir décider s'ils rêvent ou non, ils préfèrent aller dormir, contents d'avoir bu de la bière.
Ils ont une petite moue condescendante en évaluant la distance des fenêtres au sol, décidés à foutre le camp à la première occasion à condition qu'elle ne s'offre pas trop ouvertement car ils se méfient.
En prison, ils étaient à neuf dans une cellule prévue pour un ou deux, bien enfermés, bien rejetés, bien entassés, avec leur poing frénétiquement refermé sur leur sexe pour se prouver à eux-mêmes qu'ils avaient encore quelque chose d'un peu vivant.

LA PRISON, PROCÉDÉ sauvage. Clef de voûte de la société actuelle. Je te mets en prison. Tu me mets en prison. « Y a qu'à les foutre en tôle. »
Y mettre des adultes, ça heurte déjà le bon sens de ceux qui ne sont pas uniquement préoccupés de protéger leur dessus de cheminée d'une collectivisation prématurée. Y mettre des gosses, c'est provoquer d'innombrables avortements sociaux bien plus néfastes que l'avortement réputé crime.
Ceux qui ne participent plus à cette irrigation de sang social qui vous met le cœur en fête, vous donne envie d'agir, de rire et de parler, avant de mourir exsangues, aliénés, se débattent. C'est la bande, c'est l'effraction, c'est le crime.

IL EN ARRIVE UN tout seul. Il ne vient pas de prison. Arrêté l'avant-veille parce qu'on a trouvé chez lui une collection de grenades, il a passé trois jours (et trois nuits) dans les caves cellulaires du commissariat central.

Après quelques heures d'observation (de sa part) il quitte l'air couard et poli qu'il croyait de circonstance et raconte qu'il a bien rigolé. Il y avait parmi les détenus souterrains et provisoires un commissaire de police suspect de collaboration, « des tas de types drôlement riches et des poules ».
En voilà un pour qui l'armature sociale sent le brûlé.
Un maréchal-idole qui est un salaud sénile, un commissaire de police qui, de près, sent le marchand de lacets à la sauvette, le soi-disant voyou rouge de la rue à « claques » qui est un authentique héros de la résistance, voilà qui va compromettre, pour un temps, l'efficacité de la morale par l'exemple.

HAUTS MURS DE TAPISSERIE, matelas mal bourrés de crin végétal, le centre souffre d'un déséquilibre qui va tendre à se résorber aux dépens des tapisseries (car il n'est pas question de pouvoir améliorer les lits).
L'érosion humaine va opérer. Je suis d'ailleurs bien décidé à ne pas interdire, sévir, guetter ou à transformer en un quelconque « concours entre équipes » la protection, d'ailleurs illusoire, de cette « propriété » dans toute la hideur inutile du mot et de la chose.
Je m'en excuse (tacitement) auprès de ceux qui m'ont confié (en fait) des responsabilités.
J'étais vendu, archi-vendu à l'autre camp, au camp des casseurs de vitres et des voleurs de poules.
Aux réunions du conseil d'administration, j'étais coincé entre un procureur de la République et un inspecteur de l'Assistance publique, l'espion pâle et tenace camouflé en ambassadeur (consultatif) de ses crapules d'enfants… « qu'il ne faut plus appeler délinquants, pour le redressement moral desquels tout doit être mis en heûvrre… ».

Moi, je demandais un ballon de football. Nous ne l'avons jamais eu. Je pourrais raconter comment nous l'avons volé mais il n'y a pas encore prescription.

Ils sont soixante-quinze, et quatre-vingts, et cent à courir nus dans la gouttière, à démonter les serrures, à transformer l'installation électrique, à cavalcader dans les escaliers, à déclouer les planchers pour y faire des cachettes, à chier dans le lit du voisin, à casser quinze assiettes d'un coup, à faire eux-mêmes la police pour le plaisir de se mettre à trois pour bourrer la gueule du quatrième, à pisser dans les marmites de nouilles, à boucher les lavabos avec des morceaux de couvertures, à jeter les copains tout habillés dans l'eau du bassin, à jouer à cache-cache à longueur de journée (et de nuit ?), à quitter furtivement leur lit à trois heures du matin pour aller cambrioler un dépôt de cigarettes de l'US Army, à mollarder sur les planchers, à aller bazarder les couvertures dans un petit bistro complice de leur quartier natal, à aller voir les copains dans les maisons d'éducation voisines pour les décider à s'évader et à venir avec eux au centre « où on n'est pas emmerdé »...
Les moniteurs viennent me parler d'un minimum de discipline nécessaire. Depuis le début de l'avalanche je les regarde faire, éparpillés dans la marée de gosses et de jeunes gens, réagissant comme ils peuvent, souvent maladroits et intempestifs, dévoués jusqu'à l'extrême fatigue ou insouciants comme des collégiens, irréguliers, instables, versatiles, bavards, amateurs de conciliabules invertébrés, régurgitant toutes les formes d'éducation qu'ils ont eux-mêmes subies. Tout y est passé, du pionicat à l'équipe scoute en passant pas l'esprit de chambrée. Tour à tour surveillants, complices, animateurs de chahuts, caporaux-chefs et chefs de troupe, grands copains fraternels et

gardiens hargneux se laissant aller jusqu'au clin d'œil et aux claques réciproques dans le dos et soudain apeurés de s'être eux-mêmes mis en bas de leur piédestal, réagissant par la bousculade autoritaire, la baffe énergique et le rassemblement impeccable, vautrés de compagnie sur les lits avec leurs « élèves » et choqués par un « ta gueule » à eux adressé, dominés par les groupes dont ils sont responsables et entraînés malgré eux à la cueillette du mégot. Désemparés, découragés ou bêtement désinvoltes et tireurs au flanc.

UNE DES FILLES DU CENTRE est une monitrice de vingt-trois ans, née, élevée dans un milieu très aisé, venue là par goût de l'exploration humaine.

Elle vit le plus près possible des garçons, leur parle et les écoute. Elle m'a dit : « En prison, ils étaient plus heureux. Dans leur cellule, à neuf ou dix, ils s'entraidaient. Jamais ils ne se seraient volés l'un l'autre. Ici, à l'air, étalés, à l'aise, ils se chapardent, se dénoncent. Ils ont repris leur égoïsme au greffe de la maison centrale, en sortant. »

Elle est sincèrement déçue. Son observation est juste.

Elle ignore que les noyés qui vont revivre commencent par vomir. Elle ignore que la vie d'une collectivité réduite sécrète des lois, des règles, des coutumes à l'usage exclusif de la petite collectivité, que cette très apparente et très scrupuleuse honnêteté d'un petit groupe de prisonniers est un réflexe collectif qui se prolonge très souvent par l'esclavage total des plus faibles.

Elle est obnubilée par les abstractions « honnêteté », « justice » ou « discipline ». Elle s'émerveille de leurs moindres manifestations spontanées, malhabile à reconnaître parmi les champignons « moraux » qui poussent au gré des circonstances, les comestibles et les vénéneux.

Elle adore les champignons, voilà tout, par hérédité. Elle risque, à tout coup, l'intoxication et, comme elle est honnête, voilà qui lui fera abandonner le métier.

Le moniteur-chef, ancien ouvrier textile et qui a quelques années d'institut médico-pédagogique, de méthode Hébert, de football et de gymnastique derrière lui, tient, seul, la baraque sur ses épaules. Et elle est lourde et elle tangue. Mais les enfants vivent et quelles que soient leurs réactions passagères, l'absence totale de sanction désoriente leur agressivité. Une centaine de gosses réputés difficiles, un homme honnête et vivant, une fille d'une vingtaine d'années qui met du liant dans les troubles du caractère, moi.

Moi, je regarde sans tendresse les moniteurs qui viennent en délégation me reparler d'un « minimum de discipline ».

Je me dis que les manifestations d'inefficacité se sont peu transformées au cours des civilisations successives.

Comme les peuplades antiques allaient faire offrandes et reproches au temple, les nôtres se débarrassent de leurs ennuis en formant des délégations.

Ce besoin persistant de recourir à un individu est l'indice que les pulsations individuelles et sociales battent toujours au même rythme. Et le même petit cortège est toujours déçu de ne pas trouver au bout de son chemin le tout-puissant…

Je les écoute me parler de discipline (et ils ont amené avec eux les pires provocateurs de désordre qui font chorus bien sûr). Je les ai vus, jeunes adultes responsables, mal appuyés sur des portes mal fermées, sans carnet de punition à la main, déployer devant les gosses toutes les maladresses pour sauvegarder ce qu'ils appellent leur « autorité ».

Impitoyables révélateurs des caractères et des appétits, les petits inadaptés voient venir vers eux des jeunes gens assoiffés

Arthur P...

de cette autorité, d'autres qui sont si bourrés de principes qu'ils doivent les dégorger sur autrui, d'autres encore, anarchistes refoulés qui n'osent pas commettre d'actes antisociaux et viennent là en voyeurs, et des pédérastes en longue théorie dont la file se resserre chaque fois que l'un d'entre eux se fait prendre sur le fait, la main dans le sac, si l'on peut dire. Tout le monde le sait, tout le monde le voit, tout le monde le dit.

POUR QUE ÇA CHANGE j'ai rejeté les sous-produits des modes d'éducation bourgeois et j'ai appelé des éducateurs non issus des écoles ou des stages. On a voulu me faire croire, par la suite, que certains avaient un passé judiciaire.

JE N'AI VU QUE LEUR FIGURE, les plis autour de la bouche, leurs yeux, leurs rides, leur nuque, leurs mains, leur rire, leur voix. Je n'ai pas été les chercher en prison, ni à l'asile, car je crains chez ceux qui mijotent en prison ou à l'asile une certaine complaisance envers soi-même qui est une faille dans un caractère d'éducateur.
Ils sont venus d'eux-mêmes, de leur quartier où les plafonds sont des planchers, les fenêtres des poubelles, où il arrive assez couramment que le beau-père ou le père même saute la fille aînée par inadvertance, rapport qu'on se partage neuf mètres cubes à huit ou dix, et quelques litres de vin le dimanche.
Ces hommes, au centre, étaient présents. Dompteurs de poux et chasseurs de gale, avaleurs étonnants de préjugés et la morale complètement désarticulée, rapport au cirque qu'ils avaient vécu quand ils étaient petits et, tout bien considéré, pas avachis du tout sur leurs jointures souples. Révolutionnaires solides : voilà qui vous maintient la colonne vertébrale, bien mieux que tout un harnachement reluisant et emprunté de principes.

Le cirque a de l'allure avec les gugusses loqueteux qui nous arrivent des commissariats.
Malheureusement on ne voit jamais les officiels. Ils écoutent d'aussi loin que possible les airs que joue l'orchestre, ne reconnaissent sans doute pas l'ouverture de *Poète et Paysan*, apprennent que la rééducation se fait, là-dedans, sans filet, le dressage sans fouet et se replongent dans leurs dossiers, leurs rapports et leurs chiffres, en souriant de coin parce que ça donne un petit air sceptique.

En quelques semaines, quelque chose est né. L'individu sociologique « centre d'observation de Lille » existe.
Les gosses, les moniteurs ouvriers, moi, le château aux cheminées fendillées, le parc aux buissons usés, le bassin vide et l'atelier sans outil et les tables sans cuillère ni fourchette, ni bol, ni assiette, et les douches sans eau chaude, et les pieds sans chaussure et les poches sans mouchoir et le petit bistro du coin et la méfiance de l'administratif et des pouvoirs publics, et la bénédiction lointaine des ministères, voilà qui me semble un petit morceau bien vivant de l'univers humain, à notre mesure. Comme un homme est un homme parmi les autres, le centre est un hectare découpé en pleine société.

Pour nous, prendre un gosse en charge, ça n'est pas en débarrasser la société, le gommer, le résorber, le dociliser.
C'est d'abord le révéler (comme on dit en photographie) et tant pis, dans l'immédiat, pour les portefeuilles qui traînent, les oreilles habituées aux mondaines confitures, les carreaux fragiles et coûteux. Tant pis pour le quartier qui nous regarde

de haut, dont les villas trouvent qu'on aurait pu mettre ça ailleurs et dont les propriétaires sont prêts à crier à l'attentat aux mœurs s'ils voient un de nos voyous pisser contre un arbre. Tant pis pour les fruits que la propriétaire se gardait pour ses marmelades et les fleurs engraissées pour ses tombes, tant pis pour ceux qui veulent qu'enfance rime avec innocence. Tant pis pour les ribambelles de vieilles filles qui, périodiquement, font en cordée, la promenade de la rééducation (avec point de vue sur l'attentat aux mœurs par beau temps).

JE VAIS CHERCHER du renfort : extrait des *Origines du caractère chez l'enfant*, par le docteur Wallon.
« D'autres auteurs ont plus spécialement insisté sur les situations auxquelles (l'homme) doit s'adapter et sur sa manière personnelle de le faire. Il n'est pas plus possible, en effet, de déduire un comportement de dispositions si fondamentales et impérieuses soient-elles, qu'une fonction des facteurs plus élémentaires qu'elle intègre. Et plus croît, avec la complexité d'une activité, la diversité des circonstances auxquelles il lui faut répondre, moins il est possible de l'en dissocier et de l'envisager seule. C'est précisément ce qui s'observe dans les rapports de l'homme avec [...] les matériels par l'intermédiaire desquels se réalise son activité. Selon qu'il s'agit soit de sa vie quotidienne et dans sa vie quotidienne de son activité professionnelle ou familiale, de ses habitudes personnelles ou coutumes sociales, soit de situations nouvelles et imprévues, telles qu'incidence, mort d'un proche, perte du portefeuille, gain du gros lot ou encore, pour l'adolescent, de sa première cigarette, la façon de réagir peut, chez le même individu, présenter une grande diversité [...]. C'est de la somme (de ces traits) ou plutôt de leur répétition que résulte le caractère. Il est comme leur empreinte sur la personne. En lui viennent

aboutir et se fixer des façons de réagir dont l'implication repose sur le complexe indissoluble que forment des situations déterminées et les dispositions du sujet… »

Autrement dit : priver un enfant de ses circonstances habituelles de vie, c'est le priver de son caractère habituel.
Avis à ceux qui conçoivent le centre d'observation comme un camp de prisonniers, une tour d'ivoire collective une antichambre ennuyeuse de laboratoire psychologique ou la gare (prématurée) d'un départ pour une nouvelle vie.
Si le centre d'observation est une caserne, on y verra les possibilités d'adaptation des garçons à la vie de soldat. Si c'est un camp scout, on y verra leurs aptitudes à la lecture des signes de piste, leur réceptivité présente au code de l'honneur, leur goût pour la vie en équipe. Si c'est une prison, on les verra prisonniers. Si c'est un laboratoire, on les verra cobayes. Si c'est quelque chose comme une courée de faubourg, on les verra (les parents étant proches et les retours à la maison aussi fréquents que possible) à peu près tels qu'ils sont à l'habitude.

Malgré l'accent d'origine de ses moniteurs, malgré le bistro-cantine recréé à l'intérieur du centre, malgré les empoignades familiales qui avaient le champ libre, j'avais quelquefois affaire à des morts ou tout au moins à des syncopés caractériels, asphyxiés dans cette atmosphère encore artificielle. Ceux-là partaient en « observation familiale » et les moniteurs de quartier glanaient leurs observations sur le vif.
Mais ces coups de téléphone avec le juge d'instruction qui « les » mettait au centre pour les avoir sous la main…

J'oubliais qu'un centre d'observation est avant tout une antichambre de cabinet de juge.

Après quelques mois de fonctionnement, compte tenu de ce qu'il peut y avoir de constant dans les événements quotidiens, il est possible de voir assez clairement comment peut tourner un centre d'observation comme le nôtre.
L'effort quotidien de chacun sera de tendre vers la réalisation de cette maquette. (Par instants et sur d'assez nombreux points, nous devions y arriver.)
L'entrant, une fois délivré des menottes et de sa crainte d'être conduit en prison, après un contact très rapide avec l'éducateur présent au bureau, est conduit dans une chambre d'accueil en passant par la douche et la lingerie. À l'accueil il est reçu par un garçon et par une fille. Le garçon est un « grand » du centre, observé, mais qui doit rester là par manque de support extérieur et prépare, par exemple, un examen quelconque. La fille est une éducatrice jeune, maîtresse d'elle-même et un tantinet psychotechnicienne.
Dans les chambres d'accueil, tout ce qui peut servir à provoquer les premières « traces » attend sur les tables. Papier à lettre, livres, papier à dessin et gouaches, boîtes de modèles réduits à construire, petites monographies de tous les métiers, matériel très varié de bricolage. Aux murs des photographies, souvenirs de toutes les « aventures » (sportives ou autres) vécues par des « passagers » du centre, sous-titrées par un court récit.
L'entrant restera là quelques jours. Ses réactions, ses récits, ses « œuvres » seront soigneusement collectionnés. Il sera vu par l'infirmière (une infirmière, ça soigne, ça pressent, ça console et ça fait du café fort et des piqûres et des sourires

quand les éducateurs ont leur compte) et le médecin, et, si le cœur lui en dit, testé légèrement. Il a pu, pendant ce temps, recevoir la visite de « passagers » du centre. Dès qu'il en manifeste le désir et s'il n'y a pas, par ailleurs, de trop violentes contre-indications, il prend part à la vie collective.

Le gros des passagers dort en petits dortoirs.

Dès le matin, une gamme aussi variée que possible d'activités est proposée pendant le petit déjeuner et chacun s'inscrit pour celle qu'il choisit.

Jardinage, atelier, entretien, cuisine, sont les grands titres des activités rémunérées, mais rémunérées au rendement, aux pièces, suivant un tarif minutieusement établi et très clair.

Chaque occupation a pour organisateur un éducateur qui cherche à y incorporer tout ce qui est susceptible de révéler des troubles (par exemple : la méthode Hébert est compliquée d'équilibres prolongés, de station sur une boule, de sauts étagés, de marche les yeux bandés, etc., les jeux d'intérieur recherchent le sens du rythme, l'adresse des deux mains, etc.).

Les activités « gratuites », sport, étude, jeux, arts décoratifs, dramatiques, journalisme, etc., sont proposées avec les premières.

Pendant le repas de midi, les garçons peuvent choisir dans la même gamme, ce qu'ils feront jusqu'à dix-huit heures.

À ce moment, le centre « s'ouvre » à tous ses amis de l'extérieur. Familles, militants ouvriers, représentants de toutes les religions, ajistes, étudiantes et étudiants, amateurs de pittoresque humain, sont conviés à venir passer quelques heures avec nos passagers.

Jeux, causeries, chants, concerts, jeux dramatiques, travaux, naissent en désordre de ce rencontres. L'heure du coucher est laissée à l'envie de chacun.

Les éducateurs présents participent et « enregistrent ».

Greffés sur cette vie quotidienne, des « imprévus », ce que l'on pourrait appeler des circonstances de choc… (rencontre spor-

tive, aventure campée, représentation théâtrale, départ d'une équipe pour un chantier extérieur, en coup de main, etc.).
Les garçons sont payés à la fin de la semaine. Ils louent leur chambre, leurs habits de travail, leurs repas, mais cette redevance n'est jamais retenue sur leur paie. Ils doivent, à d'autres guichets, acheter des tickets de repas, de chambre, d'habits. Ceux qui ne peuvent pas payer ces tickets touchent des bons d'assistance qui leur donnent droit au même « nécessaire » que les autres. Ils s'endettent, voilà tout, et risquent de prolonger leur séjour.
Une cantine intérieure, aussi fournie que possible, non seulement en petits suppléments alimentaires, mais en tout ce que peuvent désirer comme accessoires, ornements ou bimbeloterie des garçons de cet âge est ouverte tous les jours dans le coin- « bistrot » installé dans le centre.
Un éducateur (ou une éducatrice) particulièrement doué prend en charge les quelques-uns qui, à la dispersion du matin ou de l'après-midi, refusent toute activité, en proie à une colère quelconque, un dégoût passager de l'effort ou de la vie en groupe.
Toutes ces activités ont beau être organisées par des éducateurs qui les veulent aussi proches que possible des conditions habituelles de travail, le centre a beau être ouvert et rassembler des adultes aussi différents que possible par l'âge comme par la formation et les préoccupations, il est quand même artifice et les circonstances variées qu'il offre sont stérilisées.
Du samedi au lundi matin, ceux qui ont un milieu familial le rejoignent. Ceux qui n'en ont pas ou sont rejetés par lui ou le fuient vont passer la fin de semaine dans des familles ouvrières normales. Aussi rapidement que possible, les passagers du centre sont remis en observation familiale, c'est-à-dire, qu'après avoir été observés au centre, ils rejoignent leur milieu normal, pourvus d'un travail recherché pour eux en usine, en chantier, dans un centre de formation profession-

nelle ou chez un artisan : un ouvrier voisin ou un parent est chargé de continuer l'observation suivant un mode très simple qui est indiqué aussi à l'un des adultes présents sur le lieu de travail du « raccroché ».

Nous voilà pourvus d'une ample moisson d'« observations » dont aucune, bien sûr, ne comporte de jugement ni d'adjectif qualificatif. Les faits sont notés : circonstance-réaction (forme, violence, durée, etc.).

La « paie » nous permet de faire un graphique individuel où s'enregistrent la somme gagnée et le type d'activité où cet argent a été gagné. Les performances, la durée d'accrochage aux activités « gratuites » sont inscrites avec leur trace quand c'est possible (dessin, par exemple).

Toutes les manières dont l'argent est dépensé figurent à l'observation.

L'attitude des éducateurs, francs de la gueule et des souvenirs personnels, n'incite pas à l'hypocrisie. Toutes leurs interventions figurent sur le graphique quotidien.

Le médecin spécialiste de neuro-psychiatrie infantile, l'assistante sociale qui s'est informée dans le milieu habituel de l'observé, le premier éducateur du centre rédigent ensemble la conclusion d'observations et le pronostic de réadaptation sociale destiné à l'organisme qui est à l'origine de la mise en observation.

Les éducateurs ont peu de réunions communes. Quotidiennement le directeur pédagogique est à leur disposition, vers le soir, pour les aider, les renseigner, leur fournir éventuellement des documents, déceler les raisons profondes de leurs maladresses, frictionner la petite « gale » caractérielle qui naît spontanément dans toutes les collectivités, et surtout provoquer chez eux le goût d'une culture personnelle active, bien plus latent qu'on ne croit chez des adultes apparemment marqués par dix ou quinze ans de travail en usine.

Je travaillais un peu comme un sourcier sur un terrain apparemment aride. Les richesses, l'énergie, l'avidité découvertes m'ont toujours surpris jusqu'à la stupeur. Par quelle aberration de l'organisation sociale des êtres comme ceux-là étaient-ils recroquevillés sur eux-mêmes, considérés comme tout juste bons à surveiller la marche d'un métier textile ou à servir une machine-outil ?
Et dire qu'il a fallu qu'un concile de bien-pensants les rejette en usine, alors qu'ils commençaient à croire en leur propre vigueur. Vaches !

H, LE MONITEUR D'ATELIER, avait le dedans de la gueule passé au genièvre et le dehors au feu de la forge, machuré par sa rencontre involontaire avec une meule émeri tournant à 1 200 tours-minute, un œil en moins.
Pour parler de lui, je vais chercher du renfort.
Extraits d'un livre de Pierre Hamp *Il faut que vous naissiez de nouveau*. Il parle des années passées avec les ouvriers du rail, dans une gare de triage.
– « On ne comprend que l'âme de ceux qui vous ressemblent. Jamais un opulent ne saura ce qu'est la misère, ni un saint la souffrance. »
– « Ce que les Inspecteurs appelaient le bon esprit n'était pas fait seulement d'assiduité en service, mais de docilité sociale. »
– « Le personnel du triage comptait des gaillards qui avaient l'habitude de mener leur besogne sans respecter le règlement, seule façon d'assurer le trafic. »
– « L'esprit de bureau fournissait aux exécutants une sévère littérature de la précaution. L'accumulation des mesures de sauvegarde conduisait à l'arrêt du mouvement. »
– « Les remueurs de wagons ne savaient rien faire que leur dur métier mais personne ne pouvait leur y donner la leçon. Une journée passée auprès de D et de P était une belle leçon

d'humanité… Pour l'observation des règlements ils méritaient chacun au moins une fois par jour la révocation. » (Remplacez « wagons » par « enfants » et dites-vous que, comme j'étais complice, il n'y avait pas de règlement. Ce qui n'a pas empêché la révocation.)

– « L'odeur de la marée qui montait de la rivière sous le pont chargé de wagons n'arrivait pas jusqu'à lui. Il la repoussait par un relent de genièvre dont on ne pouvait pas lui faire reproche car ses qualités de métier n'en étaient pas diminuées. Elles dépassaient celles du règlement et elles atteignaient à une moralité que les ingénieurs… ne pourraient jamais atteindre car D prenait pour lui la masse des responsabilités dont les autres s'écartaient prudemment. Le modeste intrépide qui n'avait d'autre défaut qu'un peu de boisson était un héros du métier. Qui jamais saurait tout ce qu'il accomplissait dans la nuit pour sauver le triage ? Quelle délicatesse à ne pas m'en informer ! Sans se réserver la précaution d'avoir prévenu, il risquait la correctionnelle et la révocation. Que la dernière rame n'ait pu être enlevée à temps des voies de service et que le premier voyageur de la série du matin vînt y buter, D aurait été traité d'assassin par un président de tribunal. On aurait alors trouvé dans son dossier qu'il se livrait à la boisson, ce dont on n'aurait pas voulu trouver l'excuse dans ce métier inextricable où il fallait pendant douze heures de nuit sans une minute de repos, sans jamais pouvoir accorder aux paupières la douceur de se baisser, assurer un trafic énorme sur des voies exiguës »…

Remplacer : « l'odeur de la marée… » par l'odeur des chambres par les petits matins d'hiver, « ingénieurs » par qui vous voudrez » (à choisir parmi les membres du conseil d'administration), « triage » par centre, et « que la dernière rame… buter » par : que ces enfants, dont certains étaient aliénés, se blessent grièvement, que la bonne humeur ne soit pas entretenue dans cette collectivité où la crainte du jugement proche entretenait la hargne et la rancœur, que des menaces brutales aillent jusqu'au geste, que des projets de « coups » fructueux mûrissent jusqu'à la réalisation, H « aurait été traité..., etc. », remplacer « pendant douze heures de nuit » par : sans discontinuer, « trafic énorme... exiguës » par : l'entretien exténuant d'une bonne humeur collective dans ce tourbillon d'amoindris excités.

Et vous comprendrez pourquoi j'ai préféré voir le centre se fermer que d'accepter l'intronisation diplomatique d'un directeur administratif issu d'un collège Saint-quelquechose et présentant sans doute aux yeux de l'administration toutes garanties morales.

Les lignes écrites sur les hommes au travail dans une gare de triage et qui s'appliquent à quelques détails près aux hommes au travail dans un centre pour jeunes « dévoyés » me font espérer le jour où personne ne criera plus au scandale en voyant des éducateurs spécialistes ayant des gueules de cheminots.

Il en arrive toujours... il en part.

La plupart d'entre eux sont des vagabonds qui pour échapper à la privation de liberté du travail quotidien se retrouvent entre deux gendarmes, entre les murs d'une cellule.

Puérils amateurs d'absolu bien plus que les juges ne sont capables de le concevoir.

Vagabonds tenaces dont la braguette boursouflée est souvent tachée de sperme sec, en bavure, et qui vont, pas gênés du tout de cette moisissure apparente, mangeurs de betteraves, vivants au point qu'aucune assistante sociale n'en pourrait supporter la graine dans le ventre, vagabonds inefficaces, petit peuple de solitaires, les uns déchets d'hommes incontestablement et les autres espoirs d'un monde qui risque tou-

Les vagabonds inefficaces.

jours de crever de docilité comme certains cochons dans leur graisse et certains hommes dans leur lit.

Dans la grande clinique d'en face, vient d'entrer une militante communiste, retour de camp de concentration.
Plus tard, elle me racontera :
— J'essayais de vivre... Les premières voix que j'ai entendues, c'était tes gosses. Je savais que j'étais dans un quartier bourgeois et les voix étaient d'argot du quartier où j'étais, petite. J'ai dû croire, pendant plusieurs jours, que c'était du délire avant la mort, des souvenirs qui me cornaient dans les oreilles. Mais voilà que je ne reconnaissais pas les chansons... J'ai admis que ce que j'entendais, c'était du neuf.
— Je suis contente, tu sais, Deligny, je suis contente d'avoir entendu leurs voix, les premières.
La femme qui me disait ça était tout juste debout de l'autre côté de la mort et du supplice.
Sa voix est la seule, parlant de mon travail, qui m'ait ému.
Ce jour-là, j'ai signé, sans le dire, un pacte.

Les quatre qui sont arrivés de prison, hier soir, sont ce matin dans mon bureau, tous les quatre.
À peine installés dans leur chambre, sur leur lit, tous frais vêtus du pyjama-maison, ils ont continué, comme en cellule, le concours quotidien de masturbation. Quatre points à celui qui avait fini le premier, trois au deuxième, etc. Quelque chose comme les six jours qui dureraient depuis plus d'un mois, un vrai Marathon puisque lorsque j'ai demandé : « Lequel est le premier ? » le plus fort m'a répondu :
— À quoi ? au général ?

J'ai fait signe que oui.
— Moi. Avec cent cinq points.
— Et hier soir ?
Il a montré un petit frisé qui hésitait visiblement entre la honte et la fierté.
— Lui.
Moi : — Le changement de piste, sans doute.
Quoi dire d'autre ?
— J'aimerais autant que vous nous foutiez la paix avec vos outils. Vous continuerez ça à la belote.
— Ah ! qu'ils ont dit, on peut jouer aux cartes après cinq heures ici ?

CELUI QU'ON A AMENÉ ce matin, on l'a retiré, il y a deux jours, d'un grand tiroir, dans une épicerie. Il était entré pour voler des bonbons, la vieille épicière était venue de sa cuisine fermer sa porte pour la nuit. Le voilà pris. Le lendemain matin, l'épicière l'a trouvé couché sur un lit de gros sel, dans un tiroir qu'il n'avait pas pu refermer. Sa mère a beaucoup de chagrin. Son père est employé de la Ville. Est-il juste, pour un employé de la Ville, qu'on retrouve son fils, enfant unique, dans le grand tiroir à sel d'une petite épicerie ?

LE PETIT SYSTÈME des permissions hebdomadaires pour tous ceux qui sont demandés par leur famille vient d'avoir une ratée.
Trois garçons repartis dans une ville distante d'une trentaine de kilomètres ne sont pas là à l'heure prévue pour leur retour, ne sont pas là le lendemain, ni le surlendemain.
Quatrième jour. Coup de téléphone de la « justice ».
— Vous ne nous avez pas signalé l'évasion des jeunes M, V et S.

— Euh... !

— Vous savez où ils sont ?

— Euh... !

On frappe à la porte du bureau... — « Entrez... ». Les jeunes M, V et S eux-mêmes et en personne. J'enchaîne.

— Euh ! ils sont dans mon bureau, monsieur le Juge.

— Erreur, ils sont en prison, à D depuis dimanche.

— Ils sont dans mon bureau, monsieur le Juge, le peux les toucher...

— Monsieur Deligny, vous avez l'air de considérer votre métier comme une plaisanterie...

— Pas du tout, pas du tout.

Mais je trouve que celle d'aujourd'hui n'est pas mauvaise. Les trois garçons, reconnus dans les rues de leur ville par les agents qui les avaient arrêtés une première fois, se sont retrouvés en prison.

Après deux jours et deux nuits d'attente, ils se sont évadés en démontant la fenêtre du réduit où ils commençaient à trouver le temps long.

— Et on blague pas. On vous a ramené un morceau de la fenêtre, comme preuve.

Presse-papiers officiels.

MASTURBER UN SOLDAT AMÉRICAIN, ça « rapporte » trois oranges.

Qu'un gosse revienne avec une orange et les copains lui sautent dessus pour avoir une des deux autres.

Et s'ils n'ont rien, ils traitent le mangeur d'oranges de petit salaud, pendant huit jours.

L'INFIRMIÈRE QU'ON NOUS a prêtée a dix-neuf ans, et le scoutisme qu'elle a pratiqué lui fait mettre la main de confiance sur l'épaule des plus grands garçons.
Ils ont été voir un film où un équipage de cargo, révolté, devient équipage pirate, coince la femme du capitaine dans une soupente et tire au sort pour savoir qui la violera.
Au retour, le long du boulevard, ils ont désigné « pic et pic et colegram boum et boum et ratatam… » lequel des cinq violerait l'infirmière, la nuit venue, pendant que trois autres la tiendraient et que le quatrième ferait le pet. Ils rigolaient bien.
L'infirmière a appris le projet. Il y avait à l'infirmerie un petit malade, fort fiévreux. Elle a fait sa valise, vite, et s'est sauvée du centre sans rien dire à personne, avant la nuit.
Le seul qui n'a pas rigolé, c'est le petit malade qui avait soif.
On a dit par la suite, très sérieusement, que j'étais au courant mais que je n'aurais certainement rien fait pour empêcher une aussi belle observation.
Tellement ce pauvre centre était pour les matrones de bienfaisance et les pimbèches sociales, un bateau-fantôme où viols et beuveries étaient occupations courantes.

LA BONNE MOITIÉ DES GOSSES du centre va pieds nus.
Le tapement de talons et les clapements de plantes font un bruit auquel nos oreilles s'habituent vite, deviennent même une musique profonde qui sonne l'homme et l'animal confondus.
Il ne serait pas juste de garder une telle symphonie pour nous seuls.
Quand les gosses vont se promener dans les belles rues et les larges boulevards, ils y vont pieds nus, et l'éducateur qui les accompagne est tout honteux d'avoir des semelles.

LOUIS H ET JOSEPH C ont été arrêtés ensemble parce qu'ensemble ils ont commis un délit d'occasion.
Attachés par la même paire de menottes, ils montent les marches du palais de justice au fronton en triangle posé sur quatre grandes colonnes.
Cérémonie.
Les bedeaux sont huissiers et les curés sont juges.
Joseph C, un peu efféminé de nature, est très conscient d'être uni à Louis H « pour le meilleur comme pour le pire ».

HISTOIRE DE VOIR, j'ai accompagné des gosses convoqués à l'audience du tribunal pour enfants et adolescents.
Noirs sur leur socle de bois, le président, le substitut, le greffier, comme des bouchons d'encrier. Pour compléter la garniture, les assesseurs. Dans la salle, les délégués des « maisons ».
Devant le flot montant des jeunes asociaux on colmate les vieilles digues, et les équipes de sûreté dont on se sert le plus volontiers sont vieilles filles, juges, avocats et avocates. Tous ces guignols dont la drôlerie un tantinet désuète n'échappe pas à l'œil vif des petits instables pour peu que leur niveau mental dépasse l'âge de neuf ans s'acharnent à creuser, du côté du Bien et du Droit, des petites mares insuffisantes où croupissent salement les enfants honteux.
Je dis guignols et je m'en explique.
Tous ces gens (dans l'exercice de leurs fonctions) sont tenus par des fils à une abstraction quelconque qui règle leurs mouvements. Ils se font doucereux, sévères, menaçants, encourageants, dévoués, lointains, tonitruants, bienveillants, à contre-temps, à contre-pied, à contre-vie.

Victor H...

Ils sont face à face avec les enfants dans leur déguisement funèbre.
La Charité, la Justice, les Croyances, la Légalité se font ventriloques pour ajouter à l'illusion.
Ce spectacle devrait être formellement interdit aux moins de vingt ans.
Ou bien le délinquant est intimidable et la peur et la honte ressenties aggraveront la récidive, ou bien il ne l'est pas et la société se ridiculise.

POUR LUTTER CONTRE l'anachronique, les enfants du centre qui vont passer en jugement chantent tout le long de la route et chantent encore dans la salle austère en attendant l'audience.
Ça leur fait passer le temps et la trouille. Moi, ça me réjouit (« la race qui chante dans les supplices ») et j'espère toujours qu'incommodé par ce charivari le lourd palais de pierres grises interdira ses salles à ces voyous. Espoir déçu. La propriétaire est aveugle et sourde.

DEUX GENDARMES M'EN amènent un, solidement maintenu. Ils en avaient très visiblement chaud aux aisselles. Un qui m'engueule d'entrée.
« Ouais… ouais… ouais… C'est vous le fameux Deligny. Eh bien, je vous emmerde. J'ai déjà entendu parler de vous, vous savez. Eh bien je vous emmerde et je vous casserai la gueule. De la part de tous ceux que vous avez roulés. Monts et merveilles qu'il promet, et liberté, c'te vache, pis on reste bouclés, jusqu'à vingt et un ans. T'es pus si fier, hein, peau d'salaud. Moi j'm'en fous, j'peux tout dire, j'suis évadé trois fois

d'Armentières et je vais y retourner, alors… Il dit rien, hein, c'te gueule à bouffer nos biscuits… »

Je ne dis rien parce que c'est mon habitude de ne pas être impulsif. Je retrouve les sonorités de l'engueulade d'asile d'aliénés, la bravade claironnante de l'individu arrivé lui-même à ses fins dernières avant l'heure, et qui passe le reste de son temps et use inutilement ses forces à engueuler des personnages imaginaires ou les représentants palpables de la société quand ils passent sous sa voix. Je pense que ce qu'il me raconte, j'en pense autant, aussi sec, aussi simple, des préfets, des ministres. Par où est-il aliéné et par où ne le suis-je pas ?

Il est de fait que j'en ai roulé beaucoup des garçons que je « rééduquais en chef ». Et je n'ai pas toujours été de bonne foi. Cette liberté qui est aux enfants qui vivent en asile ce que le paradis doit être au croyant, je m'en suis fait le prêtre, en sachant de quelle illusion je m'affublais pour essayer de leur faire faire un effort, que dis-je, un semblant d'effort, un geste… À ceux qui ne voulaient pas, je demandais une prière… un clignement d'yeux. Il fallait qu'ils participent à cette illusion.

J'ai été le pantin cérémonieux d'une abstraction illusoire et je m'en aperçois pendant que l'autre tordu, entre les deux gendarmes, continu à m'engueuler.

Même ceux qui ne peuvent pas se plaindre, qui sont « sortis » avant vingt et un ans, qu'est-ce qu'ils ont trouvé dans ce dehors qui est le paradis des enfermés ?

J'ai assez vu les gendarmes. Je leur dis avec un sourire compréhensif qu'ils peuvent se détacher. Ils exécutent, disparaissent. L'autre est muet, inerte. Les excités de son espèce ont besoin d'un public. Je prends ma voix de musique pour lui rappeler :

— Alors ? tu voulais me casser la gueule ?…

Il s'approche de ma table, sur la pointe du godillot, se penche et d'une voix profonde et grave de confidence venue du ventre :
— M'sieu, m'sieu. Je voudrais un jour de permission. J'ai fait un enfant à une fille, dans une ferme, près d'Erquinghem. Faut absolument que j'aille me marier.
— Alors, non seulement tu lui as collé un gosse, mais tu veux en plus lui coller un mari comme toi ? T'es plutôt vache avec les femmes, toi…
Il rigole, heureux du compliment. Je l'emmène se coucher.

UN GARÇON DE TREIZE ANS dont la grand-mère en noir et la mère, en peinture, veulent se débarrasser. Elles gesticulent, sous-entendent, accusent et ne disent pas tout.
L'ami de la mère attend leur retour pour décider s'il l'épousera ou non, suivant que le garçon sera encore là. La grand-mère complice et demi-sourde jure que ce matin même, le petit lui a encore volé cent francs et qu'il finira par la tuer.
C'est drôle, ces deux braves femmes qui veulent absolument avorter d'un enfant de treize ans.

VOILÀ QUE LE GRAND FRÈRE est venu voir Jean, confié au centre pour attentats aux mœurs.
Le criminel a seize ans. Il a, paraît-il, violé dans un fossé, le long de la route nationale, une gamine de douze ans trois mois. Des paysans sont accourus avec leur fourche…
Le père est professeur dans une institution libre.
Le grand frère, propre et coquet, gifle le petit, un grand coup.
Les copains que le petit s'est déjà fait dans le centre et qui étaient venus voir pour qui on appelait Jean au parloir (on est

un peu tous de la famille quand on est enfermé ensemble) sont entrés. À cinq ou six, ils ont abîmé ce grand frère.
Quand un éducateur est arrivé, le grand frère a dit :
— Je venais de la part de la famille pour gifler mon frère.
Voilà qu'il avait dit ça à un éducateur dont l'impulsivité n'était pas encore bien rodée. Il a reçu un féroce coup de pied au cul.
« De la part du centre, pour votre famille. »
Voilà des scènes qu'on ne verrait pas en prison.
La mère est venue dire, à l'audience du TEA (elle avait un chapeau à plumes que je n'oublierais pas même si je devais vivre quinze ans chez les canaques) qu'elle ne voulait plus de cet enfant qui, que, dont... rapport à la carrière de son mari.
L'éducateur cité plus haut n'assistait pas à la séance du tribunal.

Les gendarmes ont amené un gitan de seize ans. Assis en face de moi, il n'avait rien à me dire et moi, pas de questions à lui poser. Il était un parmi les bohémiens des roulottes, des remparts, des baraques, des routes.
Amené là, extirpé provisoirement. Pourquoi celui-là? Il a envie de dormir. Il a au moins deux jours de commissariat. Il est beaucoup plus beau que moi. J'essaie d'écouter ce que murmure sa viande. Elle est muette ou je suis sourd.
La porte du bureau est ouverte. Une vieille gitane est entrée, s'est accroupie près du garçon. Elle a sorti d'un sac une assiette pleine de nouilles, trois pains et de la bière. Personne ne l'a vue entrer. Elle a dû franchir le mur, se glisser dans les couloirs où les gosses vont et viennent sans frôler le fil d'un regard. Il mange : elle ronronne en gitan. Je pense qu'elle le suit à la trace depuis trois jours, écartée de lui par les barreaux et les uniformes. Elle me regarde furtivement. Je suis assis derrière mon bureau et je suis aussi inerte que le bois de

table, de toutes mes forces. Je suis content de ne pas être rasé depuis trois jours. Toute la tribu va rentrer si j'arrive à concentrer toute ma discrétion. J'ai dû bouger. La gitane, à genoux, près de moi :

— Pas méchant, monsieur, pas méchant…

Qui est-ce qui n'est pas méchant ? Lui ? Moi ?

Elle lui a laissé le pain sur les genoux. Ses mains ont esquissé trois amples caresses qui n'ont pas osé toucher le garçon.

Depuis que le gitan est arrivé, le centre est encore plus pauvre qu'avant. Il manque une guitare et une roulotte dans le parc.

Quinze jours après le gitan est toujours là. Il a « attrapé » un couteau comme d'autres attrapent la gale, d'autres six mois de prison et certaines filles un enfant.

Afin d'être protégés de la police et de l'arrestation à récidive, les garçons du centre qui allaient en ville avaient en poche une permission dûment datée et contre-cachetée.

Avec cette permission exhibée à tout venant, ils essayaient d'obtenir des réductions au cinéma, de faire des tours pour rien sur les manèges des kermesses, de ne pas payer dans les tramways, d'éviter de faire la queue aux guichets de gare.

Et ils étaient si persuasifs, dans leur joie élémentaire d'être « en règle » de faire partie d'un groupe, que l'extravagance de leur resquille rencontrait peu de résistance. Devenus d'un coup super-sociaux et chauds partisans d'un uniforme avec insigne visible de loin.

« C'est nous qu'on est les délinquants du centre… » et place à la Légion.

Autre aspect du même problème, mais qui n'est pas sa solution.

DEUX INSPECTEURS QUI S'ÉPONGENT le front. Entre eux, un garçon qui a une grande boîte de bois sous le bras, bourrée à la hâte, encore entrouverte.

Il ne dit rien. Ses vêtements sentent l'écurie.

« Celui-là, dit un inspecteur, il nous a fait courir. C'est facile de se cacher dans un cirque. »

Je regarde les papiers qui me sont tendus. Le jeune I. L., là présent, a été poursuivi (et attrapé) pour délit commis il y a deux ans. Infraction à la police des chemins de fer. Il triait du charbon dans les scories de la voie ferrée.

Coup de téléphone : le directeur du cirque qui est installé depuis huit jours sur une place de Lille :

—... J'en ai besoin... Il soigne les poneys... Il les soigne admirablement...

— Depuis combien de temps... ?

— Depuis plus de six mois, monsieur le Directeur (je ne bronche pas : l'autre n'entend que ma voix et veut me brosser dans le sens du poil)... Les poneys ont l'habitude... et puis, il participe à la représentation.

— Venez le chercher. Amenez toujours une centaine d'entrées gratuites...

Je dis au garçon :

— C'est un de tes poneys qui téléphone. Tous les poneys refusent de jouer ce soir si tu n'es pas revenu.

Le garçon ne me croit pas, bien sûr. Mais il a des larmes aux yeux.

Je dis aux inspecteurs de partir vivement s'ils ne veulent pas assister à un événement qui va douloureusement les atteindre dans leur conscience professionnelle.

— Quoi ? demandent-ils méfiants.

— Je sens qu'il sera au Cirque avant que vous ne soyez rentrés au Commissariat.

Sueurs rétrospectives aux tempes du plus vieux des deux fonctionnaires.

UN QUI ARRIVE TRÉPANÉ de frais, une jambe, coupée en haut de la cuisse, remplacée par un appareil qui lui fait mal. Muet ou presque.
Pendant les quinze premiers jours, il « perce » des colères rapides. Il est renfrogné, mal posé, isolé dans un réseau de douleurs. Indifférent à tout ce qui n'est pas l'objet de ses colères brutales.
Il a rencontré, en vadrouillant, désœuvré, un assez gros bloc de plâtre. Il gratte, il use, il frotte, pendant trois jours et finit par venir poser sur ma table une femme debout, forte paysanne, œuvre qu'il va montrer à tous comme un garçon qui aime fait de sa fiancée. Il commence à parler aux autres et à ne pas supposer une agression dans le moindre frôlement.
J'imagine tout ce qui devrait traîner dans un centre pour que tous les troubles du caractère trouvent épouses à leur gré.
Parmi les quatre-vingts garçons, une quinzaine de grands qui se négligent, veulent garder leurs poux, constellant planchers et portes de mollards étonnants. Ils sont sales à ne plus se sentir puer.
Une petite équipe d'étudiantes, que j'ai rencontrée lors d'un bavardage en fac, arrive un jour vers six heures du soir et promet de revenir à l'improviste, la semaine prochaine, ou peut-être avant.
Elles sont revenues, revenues encore.
Les poux sont morts enlisés dans la gomina, les pieds propres ont des roseurs surprises, et les chambres, ma chère, sont beaucoup mieux rangées que celles de la Cité universitaire.
Voilà un coin du centre nettoyé par un simple courant de filles.

ON A ESSAYÉ DE PLACER L, costaud, presque dix-neuf ans, dans un chantier en demandant à un contremaître de nous tenir au courant.

Coup de téléphone…
—… Je vous le renvoie, votre zèbre…
— Ah ! il ne travaille pas ?
—… Si, si, au boulot, ça va, il se démène, mais on l'a trouvé derrière une meule avec une fille.
— Ah ! oui, pendant le travail ?
— Non, non, le soir, mais j'ai quand même préféré vous prévenir et vous le renvoyer.
Tant il est entendu que, jusqu'à présent, la rééducation et la castration, c'est tout un.

R A LES ROUFLAQUETTES si avantageuses, la conscience si sale, la mine si dégoûtée, la fainéantise si dédaigneuse, la lâcheté si communicante, la hargne si persiflante, la vanité si affligeante, il est pour le centre un tel furoncle, qu'il est arrivé en cinq mois à décourager le moniteur-chef.
Un soir, le moniteur-cheuf entre, harassé, dans le bureau.
— On sera tranquille avec R.
Et il s'écroule sur une chaise.
— Vous l'avez tué ?
— Non, je l'ai foutu à la porte. Je lui ai dit qu'il se barre, qu'il disparaisse, qui aille se faire vomir ailleurs… On a quand même bien droit à une évasion de temps en temps ?
— D'autant plus qu'il est trop fainéant pour tuer quelqu'un.
Une demi-heure après, on frappe à la porte… C'est la patronne du petit bistrot du coin, les mains sur le ventre, un chapeau sur la tête, comme pour un enterrement. Il y a une ombre discrète derrière elle.
— Laissez-le revenir. Il pleure sur une table depuis tout à l'heure…
— Il pleure ? hurle le moniteur-chef.
— Et il vous aime tant.

— Il m'aime ? souffle l'autre, l'œil qu'il a bon aussi hagard que l'autre qui est de verre... Il m'aime ? Mais il y a quatre mois que je me retiens pour ne pas lui casser la gueule.
— Mais il veut bien aussi que vous lui cassiez la gueule, hein ? petit ?
— Oui, soupire R. Oh ! oui, vous pouvez...
La dame s'est retirée, discrète. R est resté planté au milieu du bureau, les yeux mi-clos. Je lui fais signe qu'il peut remonter dans la chambre.
— Y reste... ? soupire le moniteur. Ça va, ça va. Pourtant je vous jure qu'il m'use la peau de l'estomac, à moi et à tout le monde.

Le service administratif décide que la bière dans un centre de petits délinquants est un luxe inutile et par trop onéreux.
Or, boire de l'eau est, pour les enfants, un des signes sensibles de misère sociale et un goûter au pain sec synonyme de prison.
Que fait l'éducateur qui trouve des cruches d'eau sur la table ?
Il emmène tous les enfants au bistrot et envoie la facture à l'administration.
Il n'y a absolument pas d'autre solution.

Lorsque les gendarmes pénètrent dans le centre à un moment où les gosses sont rassemblés (au réfectoire par exemple) un chœur monte, unanime et nourri.

« J'emmerde les gendarmes,
Là-haut, là-haut,
J'emmerde les gendarmes
Et la maréchaussée (bis). »

Le centre a, dans les gendarmeries, très mauvaise réputation. Aussi mauvaise que celle des gendarmeries dans le centre.

UNE TAPETTE DE DIX-SEPT ANS, une sacrée tapette, tout droit venue d'un centre de rééducation, chasse activement le « petit » à longueur de journée et prétend, larmes ruisselantes, qu'« elle » ne peut pas se retenir.
Pendant une semaine, je l'ai fait traîner de force ou presque par trois autres grands à un bal voisin qui accordéonne, mugit, hoquette et tourbillonne de la jupe.
Surprise : ma tapette n'était pas bon teint.
Il fréquente.
« Elle » avait l'air d'une vieille guenon.
Il a l'air d'un jeune marié de campagne.

TOUS LES QUINZE JOURS, petite veillée.
Le centre invite. Nos invitées les plus fidèles sont les infirmières de la grande clinique voisine, l'une derrière l'autre, en uniforme si propret et bonnet si blanc. Elles devraient nous haïr tant le bruit du centre, portes qui claquent, cris et galopades se répercutent dans leurs chambres. Elles sont les seules du quartier à nous aider, imperturbablement, de leur présence alignée, à peine effarouchée aux passages scabreux du répertoire des plus grands, dans leurs uniformes si bien repassés qu'à les voir, il est évident que les veillées du centre sont pour elles de petites fêtes. Leurs préjugés moraux et sociaux sont, je crois, aussi soigneusement repassés que leur bonnet. Mais elles besognent de jour et de nuit dans la souffrance et la misère physiologiques, nous dans d'autres souffrances et dans d'autres misères. À naviguer dans les mêmes eaux, on prend l'habitude de regarder les yeux plus que les uniformes, les gestes plus que les manières.

Emile T…

L A UN COMPORTEMENT si manifestement et volontairement odieux vis-à-vis de tous et de tout que même parmi les antisociaux avec qui il vit de compagnie, il se singularise et s'oppose.

Dans une quête incessante, il emmerde (au propre, si on peut dire, et au figuré) tout le monde.

Il profite de quelques heures passées en ville pour se faire ramasser et mettre en prison. Il nous revient quinze jours après, presque suave, docilisé et visiblement porté à l'entraide.

— Ah ! Ah ! Ah ! triompheront les partisans de la sanction.

Il me dit :

— Moi, qu'est-ce que vous voulez, j'ai besoin de ça. Ici, on nous laisse trop faire.

— Oh ! Oh ! Oh ! module le chœur des pères fouettards.

Moi, j'ai attendu que les troubles du comportement réapparaissent pour continuer le travail interrompu.

LUC, SEIZE ANS, A L'AIR d'en avoir douze, comme beaucoup de sa race. Il nous vient des mines et se déguise en pirate, foulard rouge sur la tête, sabre de bois à la ceinture, la chemise en loques comme un drapeau après la bataille.

Il est « maniaque » dit le médecin. Toute présence nouvelle l'exalte et le saoule. Il va donc à la rencontre des étrangers, des visiteurs surpris de voir ce phénomène se coller à eux avec une telle assurance qu'ils l'acceptent pour guide et écoutent ses commentaires.

Alors, l'œil vif et les pommettes en feu, Luc débite des histoires piquantes entremêlées d'aperçus grivois sur l'un ou l'autre des camarades croisés dans les couloirs, sur l'infirmière, le directeur qui « est la plus grande crapule… c'est pour ça que les autres lui obéissent ».

Et cet étrange huissier de service ne quitte les curieux ahuris qu'à l'arrêt du tramway où il va, très cérémonieux, les reconduire.

PAR CE BEAU JEUDI soir tranquille, les uns qui jouent aux cartes, au ping-pong, au football, trois nouveaux à chat perché dans la nochère du grenier, j'entends un calme de stupeur gagner le centre. À la porte d'entrée, vingt flics et une dizaine de filles piaillantes, apprenties-mégères en plein entraînement. Un agent galonné me tend une ordonnance de garde provisoire en bonne et due forme.
— Voilà, voilà, me dis-je, que la Justice fait de la provocation…
— Elles viennent ici ? demande un garçon.
— Envoyées par le procureur de la République…
Les plus évolués des gars s'assoient sur place, jarrets coupés et la gorge sèche. Un « psychopathe » se met à danser sur les mains, à taper l'herbe du poing fermé, à rigoler dans une ivresse de fin du monde.
Je téléphone à la Justice… Ce sont les « révoltées » d'un Bon Pasteur, destinées à la Maison Centrale…
Un beau bal de raté. Mais en toute conscience, je n'ai pas osé.

J'AI POURTANT ACCEPTÉ, quelques semaines plus tard, d'« observer » la « môme torpille », elle aussi révoltée de « Bon Pasteur » mais dont les habitudes sexuelles, solidement établies, ne risquaient pas de fatiguer les garçons.
En trois jours, elle avait obtenu qu'on la respecte, à vigoureux coups de poings dans les bas de visages qui venaient lui sourire de trop près.
Observation mouvementée : tentative d'empoisonnement au gardénal, fugue avec une éducatrice bénévole, création d'une

espèce d'amicale d'évadés ou de « sorties » de Bon Pasteur dans la région parisienne axée sur le vol des vélos des « fiancés » pendant qu'ils langouraient avec la copine-piège, mais costaud comme pas une à la bi-quotidienne vaisselle.

V QUAND IL RETOURNE CHEZ lui vole dans les clapiers, menace ses voisines avec une baïonnette, casse un carreau chez sa tante absente pour fracturer un tiroir à sous, se saoule et menace sa mère de mort. Il est au centre si poli qu'il écœure. Plusieurs mois de recherches, d'efforts, d'essais, sans que son comportement social varie. Les signes s'accumulent. Nous sommes bien d'accord, médecin, assistante sociale, éducateurs, pour entrevoir qu'il blessera ou tuera très bientôt. Un des très rares qui nous paraissent « sur rail » vers l'agression et le meurtre. Nous l'écrivons en clair pour la justice.
Il passe à l'audience.
Il est remis à sa famille.
Qui avait pris un avocat (qui n'a même pas jeté un coup d'œil sur l'observation faite au centre).

MINUIT. UNE ÉQUIPE de petits fraudeurs a manqué le dernier tramway qui revient de la frontière. Tout le long de la route, ils tentent de faire de l'auto-stop. Parmi eux, une gamine de treize ou quatorze ans, grandes guiboles maigres, visage blanc, cheveux raides, pull-over de laine jaune tout récemment soulevé à hauteur de poitrine.
Elle se met dans la lueur des phares de chaque auto qui passe, le ventre offert et les bras rejetés en arrière. Les autos n'arrêtent pas.
— Et pourtant je dégonfle pas. Je leur montre, dit la fille.

Et les garçons qui étaient collectivement très fiers des deux seins tout neufs poussés à la copine sont vexés de leur évidente inefficacité. Elle va se faire cogner.

JE VIENS DE VOIR PASSER dans la rue (c'est dimanche matin) cent filles de quatorze à vingt ans.
Elles étaient en rang par trois, revêtues d'un tablier d'un rouge incomparable, qui tranchait sur les murs, les toits, le ciel, les pavés. Un rouge qui était à la rééducation ce que le kaki est à l'art de la guerre. Impossible, avec ce rouge-là, de se dissimuler, de courir seule vers le bout des rues, sans être repérée. Un rouge qui était un mur, une grille, un fossé, une entrave, une blessure.
Bon Pasteur… Bon Pasteur…
Petit troupeau marqué de rouge gardé par des inadaptées en noir dans la bonne lumière de ce dimanche matin.
« Nos filles vont se promener »…
Bien sûr. Et si, dans le troupeau des cent filles, cinquante sont sensibles, elles sentent les regards sur elles, comme elles sentiraient du verre cassé dans leurs chaussures.
Et quand elles auront vingt ans, elles se vengeront (non pas de vous, mes chères sœurs, vous êtes si bonnes). Elles se vengeront comme ça : elles seront des putains multicolores et le dimanche matin dormiront tard, très tard, parce que la honte supportée quand on est jeune, ça fatigue pour toute la vie.

D, TRENTE-CINQ ANS, éducateur au centre, a un goût si profond de la resquille que l'extirper serait mutiler l'individu.
Il arrive à ramener de son quartier-frontière des cigarettes, du pain sans ticket, des bonbons, etc.

Et tous les jours, vers les six heures, il arrive, vêtu d'une petite pèlerine qui dissimule ce que ses bras portent, père Noël quotidien et rigolard, toujours roulé dans son commerce « avec lequel, dit-il, on pourrait gagner de quoi acheter une ferme… », ce qui est strictement vrai.
Un des aspects de ce que certains membres du conseil d'administration appellent en sourdine l'immoralité de « ces » éducateurs.

QUATRE REVIENNENT de la piscine. Je les croise à l'entrée. L'un me dit :
— On a ramassé une vieille de l'hospice qu'était tombée morte dans le petit jardin, près du pont ; juste au moment où on passait.
Il renifle ses mains.
— Elle sentait la merde.
— Pire que ça, dit un autre. Elle devait bien être morte depuis trois mois quand elle est tombée.
Et ils sautent sur le ballon qui roule vers eux.

S, DIX-NEUF ANS, APPAREMMENT débile profond, bougon, sale et indifférent, tient dans un jeu mimé le rôle d'un paysan, possesseur d'un sou magique, aux prises avec un roi, une princesse et les magies nées de son sou. La vérité, la force de son mime m'étonnent. Il nage dans cette eau de la puissance imaginaire avec une telle maîtrise qu'il crée, visiblement, l'eau et ses remous, autour de lui, sur les planches…
Quelques mois plus tard, il s'avère que S a un revolver dans la poche et qu'il s'en sert pour menacer.

Les deux « observations » n'ont peut-être aucun rapport. Pourtant, le matin même, en venant au centre, j'ai vu des enfants jouer à la guerre. Il était évident que leur joie de voir l'autre s'écrouler touché par un « tac a tac a tac », s'il se trouvait dans le prolongement d'un doit pointé, n'avait rien de cruel ni de sadique.
Il s'agissait incontestablement de magie mise au goût du jour, d'un désir très puéril ou très primitif d'agir de loin sur autrui, non point né des récentes convulsions mondiales mais tirant d'elles sa traduction moderne. Et je retrouve un S cohérent dans son goût fruste de la puissance imaginaire exprimé sur la scène et sa poche de pantalon lourde d'une arme dernière modèle.

T A TRANSFORMÉ EN RADEAU le couvercle bombé de la malle arrière de l'auto abandonnée sous le hangar.
Il s'est fait glisser au milieu du bassin-marécage. Il passe là toute la journée et les suivantes, couché en rond, solitaire, disparu.
Sans marécage et sans tôle creuse, T serait-il jamais arrivé à se « dessiner » à mes yeux tel qu'il se ressent ?

DANS LA BIBLIOTHÈQUE, au second étage, petite salle tranquille où l'on dessine, écrit et lit, il y a, honni soit qui mal y pense, des rhômans d'amour et des policiers où le sang pisse à tous les paragraphes, où les mains étreignent des gorges qui en sont donc à leur avant-dernier soupir, où les noyés ligotés descendent en file indienne de chapitre en chapitre et entre deux eaux.

Si ça « leur » plaît, faut voir avant de supprimer, ça sert peut-être à quelque chose. Après tout, pour certains d'entre eux, un crime bien raconté, ça vaut peut-être un « coup dur » minutieusement mijoté. Pour ce genre de sport, qui sait si cette espèce de masturbation des « mauvaises tendances » n'est pas préférable à l'acte proprement dit. Qui sait ?...
D'autant plus que mes hypothèses jouent sur le velours. Toutes les librairies, toutes les revues regorgent de ces amours et de ces crimes épanchés sur papier hygiénique et il est entendu que le centre d'observation est un quartier en miniature et non une couveuse artificielle collective pour prématurés sociaux.
De plus, j'ai là-haut un bon baromètre d'activité. Quand « ça roule » il n'y a personne ou presque au second. Quand il y a des clients jusque dans le couloir, c'est que deux ou trois éducateurs sont fatigués ou à bout de ressources.

NOUS DEMANDONS à tous les entrants une photo d'identité. Qu'ils se débrouillent. Ils reviennent, retour de permission ou de vadrouille, un jour ou l'autre, avec la photo demandée.
La gueule qu'ils croient devoir prendre, devant l'appareil, dans la cabine d'un monoprix quelconque, est un véritable document pour qui veut distinguer l'être et le paraître.
J. L., dix-sept ans, vous ramène sa tête sur un format qui couvre une demi-page de registre et les calamistrures et fondus qu'il a exigés du photographe nous le révèlent enfin : une véritable radio caractérielle.
H. P., dix-huit ans, débilard optimiste, adipeux et d'un comportement très discret est passé, avant d'aller au photographe, chez un coiffeur pour se faire faire une indéfrisable. Une vraie. Qui aurait cru ?

Pour y voir clair dans ce qu'ils voudraient être, toutes les ressources d'une ville et de ses kermesses sont précieux matériel de laboratoire.

Y EST FILS DE PUTAIN. Il a treize ans. Elle en a trente.
Elle apporte, à chacune de ses visites, deux grands sacs pleins de pain d'épice, de chocolat, d'oranges, de cigarettes, faute de pouvoir lui apporter ce qu'une mère donne naturellement à son gosse. Elle remplace le naturel par le luxe.
Elle m'évite. Je la harponne. Elle me craignait parce qu'elle n'a pas le droit de voir son fils, confié à l'Assistance publique.
— C'est bien fait, qu'elle dit. j'avais qu'à pas l'y laisser mettre.
Et j'écoute tourner un disque que je connais bien. Fille-mère, père indécis, la famille, la famille, les tantes, le grand-père, les poings sur les tables, les heures mornes du soir, l'abattement de catastrophe qui s'enfle en menaces, avec le ventre. Une vieille cousine, sœur du maire, est particulièrement tenace et relance le drame quand il s'apaise. Le gosse sera largué une fois né…
Il est venu ici, il y a trois semaines, parce qu'il avait mis le feu à la ferme où il était placé.
Ahurissante rengaine. Inconcevable mépris. Par quelle aberration collective une fille peut-elle être honteuse d'avoir un enfant dans le ventre ? Pour la défense de quel louche patrimoine les vieilles aux ovaires séchés sont-elles aussi hargneuses ? Pourquoi les tantes et pourquoi les oncles et pourquoi le père et la mère de la fille acceptent-ils de faire bouche de sacristie ?
Pour entrouvrir les menottes qui serrent les poignets des enfants perdus, je demande qu'on pique comme des vieilles chiennes malades du qu'en dira-t-on les bigotes et les pimbèches. Avorteuses !

qu'en dira-t-on ?

PETITE FABLE OU : le psycho-pédiatre testé. Un éducateur super-diplômé est venu vivre quelques jours au centre. Bon dieu qu'il était savant dans ses commentaires médico-psycho-pédagogiques ! Il maniait paranoïa, extraversions, formes frustes et déterminismes avec une telle maestria que les éducateurs du centre ont tous été ravagés, la nuit qui a suivi sa première exhibition, par un sérieux sentiment d'infériorité.

Le lendemain matin, alors que le « spécialisé » jouait avec les gosses, ils l'ont fait monter dans un arbre, puis ils ont retiré l'échelle, histoire de bien se fendre la pipe.

La rage blanche et les menaces exaspérées de l'autre sur sa branche coulaient au cœur des éducateurs présents comme un baume réconfortant.

Moralité : Y en a qui savent parler à force d'avoir entendu et y en a qui savent faire à force d'essayer.

CELUI QUI PLEURE et se lamente à faire mourir d'émotion une présidente de bonnes œuvres « parce que sa grand-mère doit être malade d'inquiétude… elle ne l'a pas vu depuis qu'il a été arrêté… elle ne sait rien » est conduit à l'atelier. Il y a là assez d'outils de toutes sortes pour qu'il gagne en quelques jours de quoi se payer le voyage aller et retour.

Et s'il est vraiment pressé, il n'a qu'à se barrer sans nous le dire.

Car l'escroquerie au sentiment est à nos yeux le choléra des entreprises éducatives antérieures, et nous désinfectons au juron les fermentations affectives de tous ceux qui sont passés entre les mains des « bonnes âmes ».

Il y a au mur du hall un « journal » constamment renouvelé où se punaisent annonces de matches, programmes des cinémas, caricatures, compte rendu des fêtes, photos de vamps, lettres des anciens copains, etc.

Ce matin on trouve épinglées à un tournant de l'escalier des feuilles « clandestines » sur sale papier et qui attaquent très violemment le *Journal officiel*.

Guerre de presse, virulente, injurieuse, acharnée. On peut coter le succès des éditoriaux à la densité des groupes qui stationnent devant chaque panneau.

Une fois le centre lassé de la bagarre, j'ai appris que l'animateur furtif du « clandestin » était un des éducateurs.

Bon travail.

Isidore est un chien que j'ai ramassé sur la plate-forme d'un tramway.

Un chien qui vient se perdre là et ne veut pas descendre malgré les pieds, la poussée, est un comble que je ne peux pas laisser perdre.

Au centre, il retrouve à certaines heures le même piétinement qui semble vraiment l'attirer. Il a le vertige du coup de pied dans les côtes.

De plus, il est une « circonstance » supplémentaire d'une certaine efficacité. Qui le bat, qui le cajole, qui le nourrit, qui le caresse et le pince, qui s'endort au soleil, couché autour de lui, qui veut lui apprendre à monter à l'arbre. Mais voilà qu'il se paralyse, et qu'il tremble, et qu'il se plaint.

On l'abat. Un éducateur veut l'enterrer discrètement.

Trente gosses font cortège, à travers le parc, excités, piaillants, dansants, un peu ivres de cette toute petite mort.

L'autre après-midi, l'Estrade, groupe théâtral du centre, a joué du Racine et du Molière dans la salle de la société industrielle. Pourquoi pas ?
J'avais touché dans le même temps quelques apprentis bacheliers et un éducateur de passage prix de conservatoire de sa ville natale.
Tout le secondaire huppé de la ville était aux balcons.

Quand je vais faire par-ci, par-là, des conférences sur la rééducation, un groupe de garçons du centre m'accompagne et m'écoute dans les premiers rangs.
Je suis sûr, ainsi, de ne pas trop mentir dans le feu de la discussion car l'opinion de mes gardes-lyrisme m'importe plus que celle du public inconnu.
Et puis, au retour, ils chantent, ce qui fait paraître, retour de conférence, la route moins longue.

Les deux frères D (l'un a seize ans, l'autre treize) se battent toute la semaine à torsions d'oreilles, à coups de pied dans le ventre et de pointes de godillots dans les tibias. Samedi – 14 heures –. On les appelle au parloir. Je les vois descendre l'escalier. Le grand frère a la main franchement posée sur l'épaule du petit. Réconciliation saisissante. Je suis le cortège fraternel qui traverse le vestibule, qui franchit, dans le même ordre strictement maintenu, le seuil du parloir…
Ça claque, ça hurle.
Le premier entré a reçu trois coups d'une lanière de cuir que la mère tenait au chaud depuis l'arrestation de sa progéniture.
Je comprends mieux la sollicitude inaccoutumée de l'aîné et je m'apprends, une fois de plus, qu'observer, c'est aller voir jusqu'aux circonstances.

LUNDI MATIN. RENTRÉES de permission. Trois nouveaux dont c'est la première sortie rentrent dans le bureau et, tout cérémonieusement, me demandent de dédicacer quatre exemplaires frais achetés de *Graine de Crapule*.
Je demande en signant :
— Pour qui le quatrième ?
L'un d'eux :
— Pour ma fiancée...
Mondanités.

CELUI QUI DÉMONTE les serrures pour en dérouler le mécanisme se retrouve un soir sur deux accroupi dans les gouttières du second étage, rejeté par sa rage même quand les camarades de sa chambre l'ont houspillé ou bousculé. Ils ne s'en privent pas. Ce qu'il y a de mécanique dans le déclenchement de ses réactions les enchante. Qu'on lui marche sur le pied, qu'on lui presse sur le ventre, qu'on lui tire une oreille ou qu'on lui dise qu'il a une vieille gueule de con et il jaillit dehors, emporté comme s'il avait avalé, à force d'explorer les serrures, un ressort géant. Il pourrait se tuer mais il ne peut se retenir. Et les petits, rassemblées en bas du mur, regardent le guignol à la figure pâle et aux oreilles rouges, les jambes ballantes, le cul dans la nochère et fort incertain de son devenir immédiat.
On lui a demandé de garder avec lui, toute la journée, trois petits aliénés dont notre honnêteté d'observateur nous pousse à prolonger le séjour, bien qu'ils soient, de mille manières, dangereux pour les autres. Ils fuguent, ils cassent, ils coupent, ils allument, ils poursuivent, ils avalent n'importe quoi et ils crachent pareil. Ils se couchent quand on les tire et volètent autour des rassemblements.

Le grand guignol les a fait asseoir dans une pièce proche de l'atelier et là, il fait des expériences. Il a découvert, pour eux, les ressources de l'électricité. Il leur fait des étincelles, des craquements, des surprises, des peurs, des secousses, des mystères. Ils font sauter les plombs dix fois par jour. Ils sont heureux.

Quand le grand traverse le parc, ils le suivent, tous les trois. Ils croient sans doute qu'il va trouver de quoi faire sauter la maison, la maison et le quartier, le quartier et la ville. Ils sont encordés par une joie à la taille de l'événement prévu.

La maison n'a jamais sauté car la vie de tous les jours sait résister aux désirs les plus violents des plus fervents aliénés.

LE GRAND GUIGNOL COLÉRIQUE, nous l'avons fait s'engager dans une équipe de déminage, sur la côte, en prévenant courtoisement le chef d'équipe.

Il est revenu nous voir, des mois après, toujours aussi bien encastré socialement qu'une grenade amorcée dans la main de qui la tient.

Des trois petits camarades, un était parti pour l'asile, les deux autres… les deux autres, on ne sait jamais… Ils étaient là.

Il leur ramenait un revolver lance-fusées et, à nous, les deux cents francs qu'il nous avait empruntés, des mois avant, pour prendre le train jusqu'à la côte.

À force d'aller, de venir…

LES SEPT QUI SONT ARRIVÉS, en ribambelle, tous pareils, les visages fardés par le même événement, sont des fugueurs récidivistes. Ils veulent partir pour l'Amérique, fracturent de nuit la porte d'un dépôt de biscuits, prennent le train vers la mer, descendent en route pour éviter la police de la grande ville terminus. Ils se croient à quelques kilomètres de la côte, alors qu'ils ne sont qu'à quelques kilomètres du départ. Ils se font remarquer, arrêter. À la troisième tentative, on les a amenés au centre. Le plus vieux a quatorze ans. Il a l'air d'un clown maigre et sincèrement désolé, quoi qu'on dise et quoi qu'il fasse, toujours coincé entre deux impulsions contraires. La « cheville ouvrière » des effractions et sans doute des fugues a treize ans, la joue ronde, l'œil vif, le sourire facile et la récidive prête.

Ils ont décidé, en grand secret, de partir de nouveau vers un port pour gagner l'Amérique, au premier jour de soleil. Mais, cette fois, à pied.

Un des éducateurs du centre est un campeur enragé. À la première aube qui laisse supposer le soleil, il est debout le premier.

Il éveille les « partisans de la route », les sept d'abord, et puis cinq autres (dont deux qui ont frappé un peu fort sur la tête d'un chauffeur de taxi dans la région parisienne et un bon débilard de gros garçon tranquille et lent, si tranquille et si lent qu'il dort debout et chuchote ses rêves).

Les voilà douze sur la route de bon matin.

À nous l'attente. L'éducateur doit téléphoner dès que la tente sera montée et les patates en train de cuire.

La journée passe et la nuit et le lendemain.

Le téléphone me parle de tout, sauf d'eux. Je pressens la catastrophe et pire, une catastrophe mal placée. Le centre est fortement suspect de faire de « l'expérimentation sociologique » et non de la « rééducation ». Le prochain « Conseil régional de protection de l'enfance » autour de l'immense table, va se passer « l'incident » de main en main, petit jeu de « furet-mesdames » qui me voit perdre à tous coups. Ça et l'immoralité visible des moniteurs débraillés, quel magnifique petit couple de furets si prolifique que chacun, autour de l'administrative table, aura le sien dans son dossier ou dans sa barbe.

NOUS DEVRIONS ÊTRE RENSEIGNÉS, ne serait-ce que par une gendarmerie ou une autre. Du gosse écrasé sur la route à la vieille fermière assassinée, en passant par la noyade et toutes les formes d'effraction et d'infraction, chacun des éducateurs du centre m'apporte son hypothèse. Sur la dizaine d'adultes qui vont et marchent et se rongent, sept sont à genoux, usés par le travail qu'ils font, à mi-pente, depuis des mois.

L'éducateur qui reviendra seul, tout à l'heure, paiera l'angoisse. Il sera renvoyé sur vote presque unanime de ses camarades. Il est pourtant le plus jeune, il est pourtant celui qui saute, chante, mime et rit le plus fort, comme il respire, par joie d'être.

Il a quitté les douze gosses alors qu'ils étaient à plus de trois cents kilomètres du centre, près de Deauville, emmenés là-bas par un camion anglais rencontré à la sortie de Lille. Ils ont campé au bord de la mer. Au troisième jour, l'éducateur a dit, les pieds sur les galets et le dos à la mer : « La première patrouille rentrée au centre aura gagné. » Et il est revenu, en auto-stop, avec un des douze, malade.

Les voilà, onze, sans papiers, sans argent, dépenaillés et mal nourris depuis des générations, au comble de la fugue tant remâchée depuis des mois.

RÉCIT À PEINE RETOUCHÉ d'un des chefs de patrouille.

« Ben on s'est mis en route. Y avait l': Gus (le ralenti) qui traînait derrière. On le laissait faire. Mais il s'est assis. Alors on l'a mis devant. On peut dire qu'on l'a poussé à coups de pieds dans le cul jusqu'ici. »

Gus écoute le récit fait tout frais à l'arrivée, vers midi. Il est sale, bronzé, radieux comme s'il venait de gagner une étape du Tour de France. Il roupille assis. Mais sa joie demeure éveillée.

«… On a marché jusqu'au soir. Eux, ils voulaient dormir dans une grange. Mais, j'les connais, c'est parce qu'ils croyaient chiper des œufs. Alors, dans le village j'ai demandé la mairie. Y'avait personne. J'les ai tirés jusque chez le maire. C'était un petit village. Le Maire, il avait bien soixante-dix ans. Y comprenait rien. Moi, autant être franc, je lui ai dit qu'on était des délinquants du Centre de Lille. Y savait pas c'que c'était. Sa fille, qui couche au-dessus, elle a fait du scoutisme. Elle nous a fait rentrer pour qu'on bouffe une omelette et du pain. Vous verriez les omelettes qu'ils font, par là-bas ! […] On est monté sur une camionnette […], sur une charrette. Y'a l'Gus qui disait qu'un cheval qui pète c'est qu'il va mourir. […] Y'avait la fête. Fourbus comme on était, on a dansé : comme les filles, c'était des grandes et qu'on avait les jambes molles, elles nous portaient, […] on a fait la pièce de la dernière veillée. J. a pas voulu jouer parce qu'il disait qu'on avait l'air trop cons. Ça a réussi. On a encore bouffé, avec eux tous, à en crever. Les plus saouls, ils ont fait la quête pour que nous, on recommence à chanter. Y avait des marins et un gendarme. Y nous a rien demandé. Si, ils nous ont demandé si on r'viendrait l'année prochaine. L'Gus il a encore de la tarte dans ses poches ; […] on a trouvé un camion […] à Douai, on avait encore envie d'aller à pied, alors on a fait une course, à la première patrouille arrivée… »

VOILÀ QUE HUIT JOURS après leur retour le centre a encore comme une épaisse chevelure de routes entremêlées qui tombe de la chambre où « ils » dorment jusqu'aux arbres du parc.

Pour qui sait voir, je crois qu'un centre où vivent des « caractériels » devrait être une petite usine à imprévus.

Des « visites » annoncées, je fais un jeu mimé où les visiteurs jouent, avec un naturel d'autant plus parfait qu'ils ne se sont pas avisés de la farce, un rôle fort comique.

Avant, pendant, après, délinquants et éducateurs, on se fend bien la pipe.

Point d'observation : les plus salopards sont les meilleurs acteurs (visiteurs y compris).

Je refile bien volontiers le truc à tous mes camarades éducateurs qui savent combien un pavillon « bien tenu » pour un jour de visite suppose de lâchetés, d'hypocrisie, d'aveuglement plus ou moins volontaire, d'entorses douloureuses aux grands principes affichés, de camouflage adroit, de promesses hasardeuses, d'encouragements artificiels, de diplomatie tortueuse et d'habileté professionnelle.

L'habileté professionnelle consistant à montrer aux gens qui passent ce qu'ils s'attendent à voir.

Hélas ! Jamais le pire des épileptiques n'a craché dans l'œil de Monsieur le Président de la Commission.

Alors, mise en scène pour mise en scène, autant que les gosses participent intégralement à la comédie, que les plus tordus se tiennent bien, propres et avenants et que les plus gentils miment la gouape, le rogneux ou l'impulsif.

J. T., un bon débile docile et de bonne humeur joue les durs avec un tel réalisme que, lorsqu'il se montre derrière le cortège des visiteurs les traînards serrent les fesses et regagnent vivement le gros du peloton où j'opère et bavarde, imperturbablement.

SAMEDI. JOUR DE PAIE. Les garçons attendent par petits paquets à la porte du bureau. Événement hebdomadaire, précieuse petite clef de voûte du système.
Chaque gosse a sa fiche de paie et ceux qui partent par un train de l'après-midi sont « habillés ». Oh ! gomina, oh ! foulards.
Le plus gros de notre caisse vient de la vente d'objets fabriqués aux ateliers. Quand la précédente veillée publique a été un peu morne, quand les enchères n'ont pas monté, quand un « client » n'a pas encore payé le lot de jouets fournis, la caisse est maigre et pourtant nous ne pouvons pas avoir perdu la petite clef de voûte. Il faut qu'ils soient payés, tous, même et surtout celui qui a gagné huit francs cinquante à détordre quelques fils de fer, dans une lueur de volonté.
Dans les quatre-vingts qui attendent, il y en a peut-être trois ou quatre pour qui cette paie est un « baptême » social qu'il serait dangereux de remettre.
Chacun de nous est conscient des conséquences possibles d'une panne sèche, là-haut, à la caisse. Il y a, dans les groupes, quelques caractères-dynamite avides de la moindre étincelle, prêts à éclater en récriminations bourrées depuis quelques générations.
Les éducateurs raclent leurs poches. Je téléphone à tous les copains… Peut-être a-t-on revendu du matériel à la sauvette, sans me le dire, pour ne pas m'obliger à dire « non » ou à participer. Et ceux qui ont agi ainsi, bien sûr, ne sont pas « honnêtes » en ce sens qu'ils dépassent l'honnêteté courante. Surhonnêtes, insupportables.
Quand la paie est faite, le centre a passé la barre, jusqu'au samedi suivant.

J'AI TOUJOURS EU BEAUCOUP plus de difficultés avec les sous qu'avec les gosses (et quand je dis « je », je me sens innombrable).

ON A BEAUCOUP PARLÉ, lorsque furent venus les temps de discorde, de la « tenue morale » des moniteurs du centre.
Une sacrée petite charrette à bras aux trois quarts pleine de bois à brûler qui s'était égarée chez un éducateur dont la femme était malade revint souvent faire le tour du tapis vert des administratives délibérations.
Absolument insupportable cette petite charretée d'avantages en nature.
La coutume veut qu'ils soient réservés au haut personnel.
Autre chose. Je n'ai pas activement surveillé la vie privée des moniteurs, ni contrôlé si les manifestations que les règles en vigueur réservent exclusivement à la femme légitime ne n'égaraient pas ailleurs.
J'ai prêté plus d'attention à vider du centre les apprentis-éducateurs dont la sexualité avait tendance à faire feu de tous les sexes.
Et non pas rapport à la morale mais, plus simplement, parce qu'un moniteur pédéraste, dans un centre, est un drôle d'outil. Un peu ce que serait un eunuque mal opéré dans un harem.

ON PEUT NOUS REPROCHER tout ce qu'on veut, la Justice éviter de nous confier autre chose que des cas perdus, nous trouver immoraux, malhonnêtes, utopistes, anarchistes, négligents, agressifs, impolis, alcooliques,

artistes, crasseux, dépensiers, malfaisants, nous affichons, en avril, *une* « sortie irrégulière », une depuis Noël.
Nous affichons, au lieu des vingt à vingt-cinq pour cent de fuites, fugues, évasions, disparitions qui semblent être la moyenne des établissements similaires, un supplément d'effectif qui fait justement le même pourcentage.
Il y en a qui arrivent, un morceau de pain enroulé dans un vieux bleu de travail. Ils disent :
— Je suis évadé [de tel établissement], j'en ai marre de me planquer. Je viens ici pour que ça s'arrange.
Ou bien, un « passager » le lundi matin, revient de permission avec un copain. Il l'introduit.
« Son père qu'est pas son père lui fout toujours sur la gueule. Il devrait être à l'Assistance publique, mais il veut pas y aller. Je l'ai ramené… ».
Ou bien un ancien passager, confié il y a plusieurs semaines à une maison quelconque d'éducation, revient, un poignet démoli en sautant le mur, très dégoûté du régime de l'autre boîte.
Ou bien ceux qui sortent de prison, désorientés.
Ou bien celui qui, son délit à peine commis, est venu en droite ligne au centre. Par crainte de la prison ? — Non. Personne ne pouvait le soupçonner. Pour qu'on « le soigne ».
Situations irrégulières. Administration pas d'accord. Ça sent l'humain.

petite Armée du Salut (respectueux)

Association régionale pour la sauvegarde de l'enfance
et de l'adolescence dans la région de Lille
Lille, le 10 avril 1946.
Mademoiselle S. Hancart, Secrétaire générale
à Monsieur Deligny, Conseiller technique de
l'A.R. Centre d'observation et de triage,
Avenue Salomon, Lille.

Cher Monsieur,

Le conseil d'administration dans sa réunion de ce matin a décidé la fermeture momentanée du Centre d'observation et de triage.

Cette mesure a été prise par un conseil d'administration soucieux, avant tout, de donner à votre expérience la possibilité d'être réalisée dans les meilleures conditions.

Des dispositions sont actuellement à l'étude en ce qui concerne les enfants hébergés dans l'établissement; quant au personnel pédagogique et administratif, à l'exception de vous-même, il fait l'objet d'un préavis.

Je compte sur vous et vous prie de croire, cher Monsieur, à mes bons sentiments.

S. Hancart

Donc, pour des quantités de bonnes raisons qui n'ont rien à voir avec le métier, voilà les éducateurs renvoyés par un conseil d'administration statique et dont trente membres sur quarante avaient mis une fois dans leur vie les pieds et leur reste dans le centre : le jour de l'inauguration. Peu importe l'avis des arbitres venus du ministère. D'un côté, les techniciens, médecins psychiatres, pédagogues, et représentants de la CGT ; de l'autre, les petits pontes z'administratifs locaux.

Éducateurs et gosses, nous avons décampé.

3. Post-scripta – mai-juin 1946

Quatre gosses logent chez moi. J'ai pris les « anormaux ». Quatre phénomènes très turbulents dont deux sont inscrits officiellement pour l'« asile » depuis longtemps.
Ils gîtent dans un coin de grenier juste au-dessus des pièces où je vis, où ma fille, qui a sept mois, dort. Leur plancher, qui est sonore, est mon plafond. Ils n'ont jamais réveillé ma fille. Je ne sais pas sur quoi ils marchent.
D'autres, moins tordus et plus vieux, « campent » depuis des semaines dans les marais de Saint-Omer. Les « dociles » ont lâché. Les autres, les impossibles, vivent sans presque manger, cherchent du travail, en trouvent.
Deux des éducateurs qui vivent avec eux doivent entrer à l'hôpital exténués (les malhonnêtes, les malpolis, les casiers judiciaires pas blancs, les insupportables).
Un pasteur, des militants de l'UJRF se décarcassent pour nous aider.
Tout finit par se tasser. Une vingtaine de gosses, ça se résorbe. Un qui avait lâché parce qu'« il n'aimait pas tout ce désordre » s'est retrouvé en tôle après un vol dans un bureau de tabac. Façon comme une autre de se mettre en règle. Il était parfaitement adapté à la vie du centre, un vrai pilier d'établissement, peu résistant aux courants d'air de l'extérieur.
Les plus durs se sont embauchés dans des chantiers de reconstruction.

Aujourd'hui passe en correctionnelle le directeur d'un patronage pour enfants en « danger moral » que je poursuis depuis trois ans.
Il a été pris sur le fait : petits anormaux battus au martinet en séance publique, petits fugueurs mis en cellule, tondus, ridiculisés dans une camisole marquée d'un « F » qui les isolait

des copains ricanants, petits déficients privés de nourriture, aliments rares revendus au marché noir, pour que s'arrondisse le compte en banque de l'entreprise (qu'il était fier et bien content de son « apôtre » le conseil d'administration), pour que s'arrondisse le ventre de l'apôtre.
Il passe devant la justice ? N'en croyez rien. Il passe à côté.
Il est prêtre et avocat. La justice est vieille fille. Il faut voir de quel air attendri elle dit : « Oh ! tout ça, c'est de la politique... ».
Bien sûr. La justice et les administrations ne font pas de politique. Comme les vieilles filles ne font pas l'amour. Mais ça les tracasse drôlement.

ON DÉCOUVRE QU'IL y a des tuberculeux en prison. On les met à l'hôpital.
Dans les caves.
— Il y a des maisons de filles-mères... où ces réprouvées sont obligées de porter un uniforme. Qui leur serait épargné si elles avaient seulement chopé la vérole.
— Il y a des orphelinats...
— Il y a ces pavillons dans certains asiles d'aliénés...
— Il y a d'innombrables petits « délinquants » en prison. Quand ils sont bien abîmés on les renvoie chez eux. Parce qu'il n'y a pratiquement pas d'autres endroits où les mettre, quoi qu'on dise.
— Etc., etc., etc.
Heureusement que les responsables de ces inombrables avortements sociaux sont marqués de rouge.
À la boutonnière supérieure gauche.

C QUI FAISAIT LES COURSES au centre avait disparu avec une centaine de francs appartenant au moniteur-chef.

Des mois se sont passés avant qu'il ne réapparaisse, non pas au centre, mais au domicile privé du moniteur.

Il raconte :

« J'ai travaillé en ferme... dans la région... J'ai trois cent cinquante francs d'économies. Je suis venu vous rapporter ce que je vous ai barboté l'autre fois. »

Le soir même, en ville, C se faisait ramasser dans la salle d'attente où il avait décidé de passer la nuit avant de reprendre le train pour sa ferme. Re-prison, re-centre... Une fugue pour rien.

Je sais bien, je sais bien qu'il faut « protéger » l'enfance. Mais alors il faut prendre mille précautions, car lorsqu'un enfant franchit la marge, il est fort difficile de savoir s'il sort ou s'il rentre, si ce « franchissement » est une indiscutable agression, un délit évident. Et dans ce dédale mystérieux d'impulsions, d'étouffements et de craintes, oh ! le bruit terrible que font les malencontreuses bottes des gendarmes.

LES ENFANTS DU VIEUX LILLE se baignent, au beau temps, dans les égouts, dans l'eau noire, sans courant, qui bulle au soleil et pue dans le vent.

Ne croyez pas, bonnes gens, qu'ils enlèvent la ronde plaque de fonte et descendent la petite échelle droite.

Les égouts, dans ce quartier, sont à ciel ouvert et passent sous les fenêtres des maisons, comme à Venise.

Les enfants ne sautent pas de leur fenêtre, comme on pourrait croire, comme d'autres font le matin de leur lit dans la baignoire.

Ils vont un peu plus haut, dans les remparts. L'herbe de la rive, les briques des murs ne changent pas la couleur de l'eau. Les petites filles enlèvent leur robe qu'elles posent dans l'herbe et gardent leur culotte. Les garçons font comme les canards. Ils basculent pieds à l'air et tête dans le fond. D'autres, plus grands, bavardent et plongent, de temps en temps, du haut d'un mur.
Même les gouttelettes qui jaillissent dans le soleil gardent une teinte indécise, restent opaques, sans éclat.
Ça pue énormément quand ils sont dix à remuer le flot.
La peau des habitués de la marinade ordurière bronze verdâtre.

EN 1946, T. P., JEUNE Polonais du centre, ne pouvait pas retourner chez lui, non pas qu'il fût dangereux pour ses voisins, mais les voisins de son ancien quartier étaient dangereux pour lui.
Un parmi d'autres qui attendait une occasion. Elle se présenta :
Jean Lurçat, peintre et maître-tapissier célèbre, me demande un garçon capable de briquer, clouer, visser et vivre éventuellement seul dans un château du Lot.
T. P. s'embarque.
De passage hier à Lille, il vient me voir et raconte :
— La patronne a fait repeindre et, en fouillant dans le grenier, elle a trouvé une serrure toute rouillée, une vieille serrure qui marche plus. Elle m'a dit de la poser, comme ça, sur une porte bleu pâle, sans enlever la rouille, sans même enlever les toiles d'araignées. Moi, je l'ai posée, hein !... Le patron, il m'envoie faire des courses. L'autre jour, je revenais du bois avec des fagots. Il m'a dit : « Laisse ça. Laisse ça... Retourne. En marchant tout droit par là, dans le bois, tu trouveras un tronc

coupé. Tourne autour… À un certain moment, ça ressemble à une tête de cerf. Tu l'arraches et tu me le ramènes…
Et T. P., qui a passé des mois au centre, « inadapté » parmi d'autres, me regarde en rigolant. Qui est adapté et qui ne l'est pas ?

De ma fenêtre, je vois passer H. G. en vélo. H. G., le centre… Il avance péniblement sur le mauvais pavé. À son guidon est accroché un énorme sac d'où passent toutes droites, toutes étincelantes dans le soleil, des queues de casseroles.
Je lui crie :
— Tu vas au tournoi ?
— Non… je me marie demain.
— Avec la même ?
— Ouais.
— Dis-lui bonjour. Tu travailles ?
Il me montre d'en bas, la paume de ses mains… Des gales…
— Ça fait mal ?
— Non. Ça va mieux. Et vous ?
— Moi ? Je suis chômeur. Je bricole.

Je bricole, avec quelques ex- « éducateurs » qui ont repris un boulot quelconque (l'un remue les wagons, l'autre fait les marchés), à dessiner un Centre de réadaptation sociale pour enfants difficiles. Son esquisse est toute dans les marges de notre journal de bord du centre d'observation.
À proximité d'une ville d'importance moyenne, et pourvue d'industries et d'artisanats divers, s'installent une quinzaine d'« énergumènes », adultes ayant travaillé en usine, en chantier ou en artisanat et issus, pour la plupart, de quartiers sur-

il y a de ces banlieues...

peuplés. Il importe qu'ils soient de types humains aussi différents, aussi affirmés que possible quant aux caractéristiques psychologiques. Ils doivent avoir ou pouvoir acquérir un ou plusieurs modes d'expression personnels : graphique, plastique, musical, littéraire, dramatique, etc.

Dix d'entre eux trouvent à l'arrivée un atelier équipé suivant la fabrication qu'ils vont diriger et qui s'inscrit en hernie d'une industrie voisine. Pas de méthode pédagogique préalable.

Autour de chacun de ces dix hommes, dans chaque atelier, un groupe d'apprentis qui sont des évadés de maisons de rééducation, des délinquants récidivistes, des inadaptés de quinze à dix-huit ans.

Chaque atelier se gère en coopérative de fabrication, décide de l'embauche quand il s'en présente, prend en charge ou refuse l'inscription et l'entretien momentané de ceux qui viennent tenter leur chance.

Décroché d'un atelier, un apprenti peut se raccrocher à un autre, s'il est accepté.

Centre en étoile. À chaque pointe, un adulte et son système. De l'inlassable « catéchisme » au coup de pied au cul, la gamme est riche.

Au centre, la liaison, le bureau d'étude, le psychologue, le médecin, les activités non rentables organisées par des éducateurs plus jeunes, eux-mêmes amateurs de sport, d'imprévu, d'acrobatie, d'art et d'exploration humaine. Parmi eux, un spécialiste de la « grande « circonstance, de la circonstance de choc, qui peut aller du voyage en cargo à la pose de mines pour travaux en montagne, en passant par la fouille archéologique sous climat dur.

La maison où l'on dort doit être distante de quelques kilomètres. Elle est d'abord une Auberge de jeunesse ouverte à tous ceux qui passent. Quelques éducateurs l'habitent avec leur famille.

C'est tout. Le reste nous regarde.
Le trépied humain : artiste, ouvrier, révolutionnaire est prêt.
Il ne nous manque – qui nous croira ? – qu'un peu d'argent.
Conseils d'administration de plus de quatre-vingts membres (dont trente « de barbe » et dix « d'honneur ») s'abstenir.
Quant aux petits papillons bienfaisants qui volètent, volètent dans le soir orageux du capitalisme catholique, si par hasard ils ont poussé leur lecture jusqu'ici, je leur indique que le catéchisme manque de bras et pour le cas où ils seraient « sincères » que les maisons de gros anormaux demandent des filles de salle dévouées.
Tout effort de rééducation non soutenu par une recherche et une révolte sent par trop rapidement le linge de gâteux ou l'eau bénite croupie. Ce que nous voulons pour ces gosses, c'est leur apprendre à vivre, pas à mourir. Les aider, pas les aimer.

4. Les vagabonds efficaces

Privés d'« eux » pour le moment, les remparts m'enseignent.
Massifs de briques rouges aux angles vifs, ils sont grignotés par les arrière-petits-enfants de ceux qui les ont construits. On dirait, verts et rouges, d'énormes soldats mutilés. Les enfants leur courent sur le dos. Leur capote d'herbe est toute rapiécée de jardins ouvriers entourés de quatre rangs de fils de fer barbelés qui mettent des étoiles de rouilles sur les salades quand on marche, sur le ciel quand on se couche dans l'herbe.
Chaque jardinier s'est construit, enfant tenace, une petite chapelle à outils.
Un énorme tas municipal de détritus, frange extrême du bien d'autrui, fume par d'innombrables petits incendies sans flamme et fermente. De la fumée qui traîne bas émergent des carcasses de cuisinières rouillées, des sommiers éventrés, des

barreaux de lit-cage. Des boîtes de conserve vides étincellent quand le soleil s'en mêle.
Des vieux de l'hospice et des enfants sont agrippés à la colline puante. Ils se disputent les trouvailles.
À l'horizon, au bord de la ville, hospice, caserne, abattoirs, et le fouillis crasseux des invraisemblables quartiers.
Sur le seuil des taudis sont assis d'étranges enfants, des enfants vomis. Pour dire leur couleur et leur forme, il n'y a pas d'autre mot.

SI JE DIS : « Les enfants sont tels que les parents les ont faits et éduqués… », je rencontre l'assentiment universel.
Si je continue : « Les parents sont tels que l'actuelle société les contraint d'être. Il faudrait voir à changer un vrai coup les conditions de vie… », on me ferme la bouche et le centre que je dirige, sous prétexte que certains de ses ouvriers n'ont pas l'allure, ma chère, de vrais éducateurs.

BON. COUCHÉ dans l'herbe des remparts, je me retourne sur moi-même et j'observe l'inadapté.
Première observation — J'ai vécu pendant quatre ans dans un asile d'aliénés. Les aliénés les plus typés, les plus chroniques, les plus déments ne m'ont pas surpris : des moments de moi-même faits hommes, un « point de vue » maintenu plus longtemps qu'il ne faut ; un détachement qu'aucun sommeil ne peut rompre et le reste du monde qui s'en va à la dérive sans qu'on fasse un geste pour sauter sur ce qui tourne ; la solution unique et tragique qui s'impose par manque de mobilité.
Il m'arrive d'être à moi-même cet aliéné que l'on scrute pour le délivrer. Profondément endormi « je » surgit, éveillé, mais

« je » s'affole de se sentir dans un corps immobile, inerte, minéral. Alors « je » cherche les contacts, les leviers. « Je » va au plus sensible, au plus léger, au petit doigt, aux lèvres, aux paupières et, toutes ses forces appliquées sur l'un de ces points, « je » obtient une onde, un frémissement, un mouvement léger à peine perceptible qui est un immense soulagement car il suffit à me faire basculer dans le mouvement retrouvé et le monde vivant qui m'attend.

Mais je ne limite pas là mon succès car je ne suis pas mon propre psychiatre-psychologue. Ce premier geste balbutié est une clef qui m'ouvre toutes les circonstances qui m'attendent et non une petite lucarne sur moi-même. Ma vie en profite pour être bourrée d'êtres vivants et toujours ouverte sur l'imprévu jusqu'à l'extrême fatigue.

Deuxième observation — Je traîne avec moi, depuis ma naissance sans doute, une espèce d'angoisse, de peur préalable qui s'allie à une maigreur de bonhomme en fil de fer.

Mai 40. Me voilà, comme les autres, pris dans la guerre, lapin perdu dans la monumentale ferraille et les sifflements et la viande humaine qui suinte sueur et sang à travers les planchers des camions. C'est la seule période de ma vie depuis que ma taille est stable où j'ai grossi (de huit kilos). Ma peur avait trouvé aliment à sa convenance. Elle ne me bouffait plus les sangs.

Depuis, cette petite garce d'angoisse est revenue. Elle se pose allégrement sur la moindre fatigue comme une mouche diaprée sur l'ordure pressentie. Je la chasse d'un violent coup de raisonnement, elle va se poser à côté. Il ne me reste plus qu'à attendre qu'un bon gros costaux d'événement vienne la séduire et me l'enlever pour un temps. Mais je la connais… Elle est capable de revenir enceinte.

Troisième observation — Lorsque j'avais douze ou treize ans, j'ai rencontré furtivement des livres et des documents où le sexe prenait place de clef de voûte.
On y disait qu'il était le moteur de tout ce qui vit, de tout ce qui est. Le grand secret, la grande force.
Alors, je me suis senti tout petit, tout maigriot, tout perdu dans une espèce de cathédrale gothique dont je ne comprenais pas les signes, les grimaces, les mystères, rejeté de cette communion que je pressentais unanime autour de moi et nécessaire car génératrice de toute vie. Exclu, mort-vivant, avec ce sexe minuscule et certainement inefficace qui me faisait haïr d'avance les femmes et leurs désirs auxquels seuls des géants pouvaient faire face.
Ravages de la connaissance intellectuelle préalable et prématurée.
Ravages que je retrouve chez des enfants pour qui la morale enseignée sans précaution est cathédrale déserte qu'ils craignent et dont ils cassent les vitraux par haine de cette vie collective dont ils sont exclus, petits enfants déçus d'avance de n'être pas des grands hommes.

Quatrième observation — Aux murs des deux pièces où je vis (la plus grande a cinq fenêtres), sont épinglés des dessins. Tous sont des échecs. Les dessins dont je suis content sur le moment, je les donne ou bien, ornés de couleur, un directeur de galerie tente, par-ci, par-là, de les vendre. Je garde sur les murs qui me sont familiers tous les ratés qui, seuls, sont espoir de découverte.
Ces traces laissées par ma main sur une grande feuille, je ne peux pas croire, passés les brefs moments d'enchantement, qu'elles soient suffisantes.
Je peux m'y laisser couler tout entier, ou seulement m'y décrire comme un chariot se décrit dans l'ornière qu'il laisse, pour qui sait lire.

Enfant tenace, je devrai attendre encore longtemps sans doute ma puberté sociale, cette acceptation pure et simple de ces façons qu'ont les hommes de n'être jamais eux-mêmes et de mutiler, avec hargne, les enfants.
Si les médecins décèlent à l'origine des troubles du comportement, des tares héréditaires, à mes yeux s'inscrivent en regard, régulièrement, mesquineries et malhonnêteté de l'adulte ambiant.
Depuis des mois, faute « d'établissement », quand on m'amène un enfant difficile, je l'envoie jouer et je chambre le père. Les aveux que j'obtiens ne sont pas faits pour me réconcilier avec la petite vie bourgeoise.
Il ne se passe guère de jour sans que les journaux ne nous racontent quelques crimes et délits commis par des gamins. « Il n'y a plus de morale »… et voilà pourquoi votre fille est muette.
Il n'y en a que trop et de la plus sale espèce, bâtarde de crainte, hérédo-catholique et qui fait sous elle son qu'en dira-t-on.

Cinéma, radio, presse apportent le monde en images, musique, phrases. Ils sont la pâture constante de la puissance imaginaire des enfants. Comment peut-on s'étonner que ces derniers veuillent être tout de suite de plain-pied, debout dans ce monde que, par une illusion d'optique quotidiennement entretenue, ils voient à leur fenêtre ?
Conseils, menaces, contraintes et promesses sont d'un temps révolu.
L'enfant d'aujourd'hui « connaît » le monde, celui des solitudes glacées, des grands hôtels, de l'Équateur et des bistrots louches. Il croit le connaître, il croit les images. Il répugne aux livres. Il est dégoûté de la monotonie quotidienne et tatillonne de la vie familiale. Les évasions viennent au-devant de lui.

Désastre ? Désastre collectif si l'adulte persiste à maintenir l'enfant les mains derrière le dos. L'enfant se retourne et mord, saute par la fenêtre et tombe car le monde mille fois vu qu'il croyait prêt à le recevoir n'est que reflets et mirage. S'il existe, c'est beaucoup plus loin. On peut le rejoindre un pas après l'autre. Mais l'enfant de cinéma, de radio, d'héliogravure ne sait pas marcher.

Blessé, il retourne à l'obligatoire existence. Blessé, il prépare le prochain saut de sa fenêtre au monde des images, et puisqu'il faut de l'argent, il en « trouvera ». Ou bien il renonce, dégoûté pour toujours de savoir qu'il y a sur terre deux mondes voisins et pourtant aussi éloignés que la terre et la lune : celui où la vie est atrocement quotidienne et celui des espaces pittoresques, des rencontres imprévues où les gestes spontanés ne sont pas freinés par une atmosphère épaisse de nécessités.

Enfants prêts au crime, enfants ratatinés d'avance… Il serait peut-être temps de repenser l'éducation en fonction de notre monde à plusieurs profondeurs.

Le besoin en est tel que vont se révéler tout à l'heure d'innombrables éducateurs. Ils existent. Ils sont pour l'instant un peu désœuvrés. Ils s'ennuient tellement qu'on pourrait les croire immoraux et antisociaux.

DES MILLIERS D'ENFANTS se faufilent, pour qui sait voir, dans d'étroites ruelles tracées très profond dans les préoccupations massives des adultes. Faute de guide, ils jouent à la petite guerre.

UN PEU POÈTES, UN PEU peintres, un peu fredonneurs de belle musique, un peu comédiens, montreurs de soi-même et de marionnettes, honnêtes envers l'instant, suceurs de certitudes et cracheurs de questions, pellicule vivante à fleur de société, inadaptés incontestablement, inquiets de leur vagabondage et patients comme des rempailleurs de chaises, voilà les compagnons dont les enfants ont besoin.

Explorateurs naïfs et pauvres, ils n'accableront pas la peuplade enfantine du poids de leurs bagages pseudo-scientifiques, pseudo-historiques, pseudo-moraux, bimbeloterie injurieuse, habituels cadeaux de ceux qui viennent du monde des adultes.

LE MOINDRE DESSIN d'enfant est un appel. Trop souvent, les adultes y répondent en curieux fertiles en commentaires. Nous voici au cœur même de la coutumière escroquerie.

Non-sens, ruptures, tremblements, esquisses, ignorances sont admis et même goûtés lorsqu'ils s'expriment sur le papier, balbutiements d'une naïveté qui s'applique.

Que la même naïveté s'exprime par des actes, instabilités, audaces, dédains, paresses, l'adulte provoqué devient odieux.

Voilà saisie, sur le vif, cette dérivation artistique vers laquelle pousse la société qui ne veut pas être dérangée, qui veut bien que l'on crache sur les murs, qui s'empresse même d'encadrer les crachats, qui organisera des expositions de haineux mollards, trop heureuse qu'on ne touche pas à l'ordonnance discrète de ses constructions, de ses hiérarchies, de ses habitudes.

Un dessin d'enfant n'est pas une œuvre d'art : c'est un appel à des circonstances nouvelles.

la courée

CRÉATEUR DE CIRCONSTANCES, voilà l'éducateur aux prises avec toutes les inerties. Bon courage.
Je lui conseille de se garder un mode d'expression personnel. Ne serait-ce que pour absorber cette petite mousse de délire qui bulle autour de toute action intense.
Lorsque j'étais responsable d'un centre ou d'un pavillon, il m'est arrivé de me sentir compositeur. Il m'est arrivé de confondre collectivité d'enfants et jeu d'orgue. Naissait une musique de révolte ornée d'humour qui formait autour de moi une bulle, un univers où je vivais à l'aise. Escroquerie aux vies confiées.

IL S'AGIT D'ENFANTS DIFFICILES, il s'agit d'enfants qui ont goûté au délit. Les compagnons un peu légers dont je parlais tout à l'heure sont bons pour des enfants qui ont par ailleurs de bonnes attaches affectives.
Pour les enfants issus de toutes les misères, il faut des compagnons d'une autre trempe.

DANS LES QUARTIERS et les banlieues érodés par un vent permanent de misère, où la petite crasse d'égoïsme est énergiquement décapée, chaque jour, vit le peuple des usines et des chantiers.
Ici, les maisons sont des cages de briques encastrées dans des courées sombres comme des puits.
Là, elles sont posées dans des petits jardins et se regardent l'une l'autre de toutes leurs fenêtres, sans secret possible l'une pour l'autre.
Y vivent des grosses femmes qui ont l'air d'avoir accouché de tous les enfants du quartier que l'on voit passer en ribambelles aux heures d'école dans les petites allées bordées de haies sur fil de fer et de planches mal jointes.

Y vivent des filles tendres et tenaces comme des reines-termite.
Y vivent des garçons terrassiers, métallos, maçons qui ne veulent pas que la lourde mâchoire du labeur d'usine ou de chantier se referme sur eux, qui maintiennent, de force, la mâchoire entrouverte et veulent savoir où ils vont et ce qu'ils sont.
Ils savent prendre, les samedis soir, la magnifique allure du vagabond et chantent et dansent et miment et dessinent et savent s'offrir à la musique comme au soleil, au théâtre comme à la montagne.
La relève est prête. N'en déplaise aux fatigués d'avance, une race nouvelle vient de naître sous le soleil. Il fallait bien que cette souffrance et ce grouillement humain des quartiers de bordure nous donnent un jour ou l'autre ces vagabonds sociaux à la recherche (non plus dans l'espace, mais là même où ils sont nés) d'un mode de vie plus honnête, à la recherche, si l'on veut, d'une morale qui ne soit pas empuantie des préjugés crevés sous les éboulis d'une structure sociale qui s'effondre.
Les plus conscients d'entre eux en sont quelquefois fébriles.

L'UN D'EUX M'A DIT (il était couché dans une pièce d'un petit pavillon près de la Marne, une pièce dont il faut repeindre les murs, après chaque pluie, car le toit perce ; où « ils » se réunissent à quatre ou six ou dix ; où la petite armoire à livres a été faite, pour rien, par un menuisier voisin ; où ils s'inquiètent et parlent et s'aiment et sont de la résistance et de la révolution de chaque jour ; où ils refusent énergiquement des lendemains qui soient usés comme des veilles), l'un d'eux m'a dit (et il était couché parce qu'il avait quarante degrés de fièvre à force d'avoir « mimé » avec des camarades, à pleins tréteaux, pendant une innombrable fête populaire) : — « J'écris des poèmes comme ça, je peins, tu vois. Je travaille le mime… et je crains d'être déséquilibré. »

Déséquilibré ?

Pestalozzi, Rimbaud, Van Gogh, vous dont le déséquilibre a laissé une trace gigantesque dont les ors, les échos, la ténacité même nous effarent, dites-lui ce que c'est que d'être « maître d'école », de rougir à vingt-cinq ans comme un adulte surpris qu'on lui rappelle d'enfantines masturbations, à la seule évocation d'une œuvre littéraire qui crée l'actuelle poésie, de « peindre, peindre, peindre », parce qu'on n'a pas le « don de parole qui permettrait d'aider les humbles ».
Trois inlassables, à la recherche d'une morale qui ne soit pas une empreinte morte, éclatés bientôt sur ce terreau vivant du peuple qui va au-devant de la vie.

Pestalozzi. Rimbaud. Van Gogh.

Il me tardait de les rejoindre depuis le début de ce livre. Eux, leur œuvre, leur vie, leurs lettres. Je voulais faire honte aux « professeurs », aux « juges », aux « artistes » en soulignant comment ces trois vagabonds grandioses avaient été très consciemment les frères inquiets des jeunes délinquants. J'aurais voulu entremêler leurs traces tout le long de ce collectif carnet de route.
Fugues, arrestations, misère, crainte, révolte, asile. Aucun des trois ne se serait plaint du voisinage. Question d'habitude.
Et puis j'ai renoncé à décortiquer ce qui s'offre comme un beau fruit de vie à qui sait lire et regarder.

L'EXASPÉRATION DES ÊTRES blessés par des conditions sociales d'une intolérable malhonnêteté et les impatiences d'enfants brimés par des adultes maladroits s'expriment par les mêmes signes.
Quand le peuple se sera délivré et osera marcher à ses pas, l'œuvre d'art se fera pour lui formes, couleurs et musiques familières.
Il faudra, s'il vous plaît, délivrer du même coup les enfants et mettre auprès d'eux des éducateurs à la présence légère, provocateurs de joie, toujours prêts à repétrir l'argile ronde, vagabonds efficaces émerveillés d'enfance.
Espoir.

1947.

La Grande Cordée

BERNARD T. a seize ans. Il a reçu une première éducation fort soignée. Ses parents sont morts quand il était jeune. Il a grandi en orphelinats, s'est retrouvé dans un centre d'« éducation » très spécialisé, puis dans un autre, a fréquenté par inadvertance un service de neuro-psychiatrie infantile. Il a passé quelques mois chez l'un de nos correspondants. Il a mis quinze jours à s'apercevoir qu'il était là comme chez lui, c'est-à-dire qu'il est boudeur, exigeant, un peu paresseux, mais très gentiment, très poliment. Sa toute première éducation ressort, rappelée à la surface par des petites attentions alimentaires et la chaleur ronflante de la cuisinière dont il peut profiter tout seul, engourdi dans l'unique fauteuil de la maison. Il reste discret, ne touche à rien sans demander la permission, se retire lorsque la conversation ne le regarde pas. Il apprend qu'un autre gosse qui sort de prison va venir. Il ne manifeste ni plaisir, ni contrariété. La femme du « séjour d'essai » s'en va faire des courses au moment où l'autre, le Lucien, doit arriver. Elle préfère que Bernard accueille et commence à rassurer lui-même l'arrivant.

Quand elle rentre, elle trouve un Bernard méconnaissable. Il a ouvert l'armoire de la cuisine (geste qu'il n'a jamais tenté même en secret) durant les mois précédents. Il a pris un pot de confiture et y puise avec les doigts, couché de travers sur le fauteuil, un vilain pli au creux de la joue.

LUCIEN, LUI, A FAIT les cinq écoles de sa banlieue natale. J'ai eu, entre les mains, les rapports motivés des directeurs d'école qui, l'un après l'autre, l'avaient mis à la porte, « sournois, hypocrite, menteur, turbulent, agressif, pourri jusqu'aux moelles et paresseux, paresseux »... Paresseux invétéré semblait être la caractéristique dominante du comportement scolaire de Lucien. Qui pis est, ses moniteurs de colonie de vacances l'avaient vu, constaté, supporté paresseux et malfaisant.

Lucien a treize ans et demi. Il est toujours sournois, hâbleur, buté, voleur et paresseux à treize ans trois quarts. Il refuse de prolonger son séjour dans les différents points d'essai que nous lui proposons.

Jusqu'au jour où, près d'une Auberge de jeunesse où il séjourne en renâclant, le patron d'une petite entreprise artisanale l'accepte comme apprenti. Nous sommes au mois de février. L'« usine » est à neuf kilomètres de l'Auberge et il faut traverser la forêt.

Lucien part le matin à six heures, revient le soir, à vingt heures, pendant des semaines. À « la maison », il rend service, casse le bois, va chercher le lait, rembourse les petites sommes qui lui ont été prêtées, siffle, chante et pense au jour où il aura des petits enfants qu'il lui faudra éduquer convenablement.

Jusqu'au moment où le patron s'aperçoit que l'apprenti n'a pas quatorze ans et le met provisoirement en chômage d'attente.

Deux jours après, Lucien avait repris son ancien comportement comme on change de veste, hâbleur, malfaisant, irritable, hostile et paresseux, paresseux « invétéré ».

LOUIS M., LUI, a dix-sept ans. Il est absolument un produit de l'époque. Agréable à voir, désinvolte,

baratineur, les cheveux lisses sur les côtés et crêtés sur le dessus avec quelques frisottures soigneusement naturelles, le pantalon retroussé au-dessus de la cheville, ayant goûté de toutes les disciplines, de l'École de mousses à la République des enfants.
C'est, ainsi disent ceux qui le connaissent bien, un petit profiteur, un petit égoïste, peu ménager du bien d'autrui et qui va jusqu'à menacer sa bonne et brave vieille tutrice pour lui extorquer de l'argent, se saouler et courir les vilaines filles.
Le voilà, libre de ses actes, sur les réseaux de *La Grande Cordée* et hébergé dans un relais de jeunes des environs de Paris. Il s'est trouvé un boulot dans une usine d'Aubervilliers. Dans le « relais » où il rentre dormir, il fait tout à son aise le mariolle sans dépasser les limites courantes…
Depuis cinq jours, les quatre ou cinq copains avec qui il fait « colo » (repas collectif) sont fauchés, ils mangent des nouilles. Lui aussi. Plus question de cinéma, d'apéro, de vilaines filles…
La femme du directeur de l'usine apprend que Louis est pupille de la nation. Elle lui donne, comme ça, dix billets que Louis empoche… et ramène, toujours munis de leur épingle, au relais, pour jeter la liasse à la place de la gamelle à nouilles, lui, le petit profiteur égoïste, aussi sensible au « collectif » qu'aux photos de Jean Marais.

JEAN M. S'APPELLE AUSSI Henri C. ou Victor L. Il a quelques identités aussi officielles et en règle l'une que l'autre. Il est un excellent élève des cinémas de quartier, particulièrement brillant en travaux pratiques puisqu'il a réussi à franchir la frontière avec des trafiquants d'armes qui lui ont laissé, comme prime, des échantillons démodés dont il se sert pour terrifier sa mère, épater les copains de sa rue et tenir

son rang sur les berges de la Seine où le cran d'arrêt est de rigueur.
Au demeurant, le meilleur fils du monde, habile comme pas un à s'extirper par lucarnes et murs d'enceinte des lieux inconfortables où ses extravagances le mènent à tous coups. Qui veut le maintenir enfermé doit supporter ses rodomontades d'autant plus pittoresques de vocabulaire et d'accent qu'il a été élevé en Belgique. Dans le taxi qui nous l'amenait, tout frais sorti du service d'observation où il avait découragé tout essai de diagnostic sérieux, il racontait, à notre émissaire : « Dis, tu les vois, là, sur le trottoir, hé ? Je baisse la vitre une fois, pour voir, et je sors ma mitraillette et je fauche tout ça, histoire de voir un peu clair quand je passe, hein ? » Etc. Nous lui parlons de vol à voile, de piloter les avions. Il s'enthousiasme.
Et là commence la danse du larron devant l'occasion. Cette danse-là, maintenant, à *La Grande Cordée*, nous en avons pris l'habitude, elle fait partie de notre folklore. Quel que soit le garçon qui la commence, nous la reconnaissons dans son rythme très individuel, ses gambades improvisées, ses esquives, ses tourbillons et ses reprises qu'il nous faut rompre faute de temps pour marier le garçon qui piétine, à l'occasion qui l'attire et l'effraie et lui est, pour l'instant, nécessaire.
Je vais essayer de décrire la danse du larron Jean M. devant l'occasion « voler » (en avion, s'entend). Le club de vol à voile est à Montreuil. J. M. est revenu habiter chez sa mère rue Lecourbe. Le moniteur-chef du club « Les Goëlands » l'attend à la réunion de samedi. J. M. ne s'y rend pas et va rôder sur les quais de la Seine où les « exclus » de la capitale : vieux clochards, amoureux, petites gouapes, se côtoient et regardent à peu près du même œil les paires de pèlerines indiscrètes qui perpétuent l'ordre public. Les jours suivants, J. M. nous évite, mais comme nous pensons beaucoup à lui, *La Grande Cordée*, faite de « personnalités » bien différentes, le harcèle.

J. M. accepte de se rendre à Montreuil le jeudi suivant accompagné de l'un d'entre nous, dont l'imperméable « stocks américains », l'argot bien fourni et les semelles crêpes, lui semblent dignes d'une confiance relative.
Ce jeudi-là, à la réunion du club, c'est la promesse formelle de revenir le samedi après-midi pour « voler ».
J. M. « disparaît » pendant quinze jours. Il ne sort plus qu'avec un couteau à cran d'arrêt fixé par des courroies à son avant-bras droit sous son pull-over. Il ne répond pas quand l'un de nous vient frapper chez lui. Un matin, harcelé de contacts avortés, il vient se montrer au bureau, pâle et fanfaron, d'autant plus sûr de lui qu'il arrive à peine à maintenir les sauts vers la porte et vers la fenêtre dont son affolement interne le secoue, visibles comme les détentes d'une grenouille enfermée dans une bouteille.
Il vient me montrer, la peau tendue sur le menton qui pointe, un dossier de petites coupures de journaux qui est une minutieuse revue de presse de tous les accidents d'aviation qui se sont produits pendant cette quinzaine... C'est le dégonflage, la hanche molle sous l'air impertinent, c'est peut-être toute la partie qui se joue. Ou J. M. restera le lâche dangereux qu'il est, ou il se dominera...
Nous lui exprimons que son pull-over lui va bien et que ses poignets sont minces mais drôlement nerveux. Il écoute en battant des paupières, la peau moite et, à coup sûr, une goutte de sueur qui lui coulait de sous la maigre broussaille des aisselles, très lente à découvrir son trajet sinueux le long des côtes jusqu'à la ceinture.
Voilà la danse du larron qui va se continuer pendant des semaines, entrecoupées de parties de ping-pong, de confidences sur des malaises dus au foie et des rodomontades de tombeur de filles. J. M. va « tenter » d'aller à Montreuil, se tromper d'autobus, puis se tromper d'arrêt, oublier l'adresse, l'heure de la réunion, se retrouver à Arcueil. Amené jusqu'au

téléphone pour promettre au moniteur-chef qu'il sera là, assuré qu'il ne volera pas avant un bon mois de causerie théorique…, attendu, lui seul, à la descente de l'autobus, il se décide et rompt, un dimanche matin, le cercle vicieux de sa crainte.

Il va à Montreuil, est cueilli à la descente d'autobus. En route pour le terrain. On voit les appareils autour des hangars. J. M. ne marche plus, il danse réellement : il est saoul de son propre vertige. Il parle, le menton en l'air, les mains au fond des poches. Il est pie, il est corbeau et croasse sa propre mort qu'il sent prochaine. Il est assailli d'intuitions, or ses intuitions ne l'ont jamais trompé. Son propre cœur est un tocsin d'une telle sonorité qu'il en vacille. Mais il marche. Il s'accompagne lui-même à la mort. Il fait du soleil et un vent léger qui fait trembler l'herbe. Qu'il est triste et émouvant de mourir si jeune !

Dans la terre du terrain, presque touchant la route, une tombe. Celle d'un pilote tombé. Petit bourrelet bien ratissé, planté de fleurs frisées, petite tombe du dimanche.

Si le moniteur-chef avait pensé la rencontrer, il aurait fait un long détour. J. M. la regarde, les petites fleurs, la croix et, tout autour, la vaste prairie jusqu'à l'horizon qui tremble de toute son herbe sous le ciel à la courbe haute.

J. M. est monté dans l'avion. Il ne s'est pas évanoui quand le moteur s'est mis à vrombir. Dans ce tonnerre, il était à peine une virgule de cire mal posée sur le siège de cuir. Et puis en l'air, en plein vol, tranquille, royal, rassuré, il essayait de faire comprendre au pilote que ce vol commençait à lui paraître monotone et qu'il fallait commencer les acrobaties qui lui étaient dues.

Les jours suivants, J. M. confiait une par une à nos tiroirs les pièces de sa petite panoplie d'apprenti-gangster qu'il tirait de l'armoire à linge, de sous son matelas, de sous des lattes du plancher.

Il y a tout autour de Paris des taudis (n'en parlons pas pour le moment). Il y a tout autour de Paris des HBM. Les remparts ont été rasés et voilà les fortifications de la nouvelle civilisation.
Avec des cours intérieures si faiblement éclairées, le soir, que les jeunes gens qui y tournent ont l'air, pour qui passe dans la rue, de l'autre côté de la porte-grille, de tourner dans une cour de prison. Dans la cour, il y a un massif de fleurs, petit ventre de tombe encadré de ciment. Il y a huit et dix poubelles qui débordent par terre. Il y a des jeunes gens qui sont en trop dans les immeubles et les papiers, les épluchures, les boîtes vides qui sont tombés des poubelles.
Voilà ce qui se passe tous les soirs à neuf heures tout autour de Paris.
Quelquefois l'un d'entre eux a deux cents francs dans sa poche. Autour de lui, une fraction du groupe se coagule et ils vont jouer au football. Ils rentrent au café-tabac. Le terrain est sur quatre pieds. Le terrain est une petite table. Les joueurs, vingt-deux petits morceaux de bois peinturluré.

Et il y a des tribunaux pour enfants et adolescents, il y a des psychologues. Il y a ceux qui disent : « Montre-moi ton Rorschach, je te dirai qui tu es ». Pêcheurs en eaux basses.

Le jeune K.U., pris en charge par *La Grande Cordée,* a l'œil naïf sous un front buté, l'un et l'autre englobés dans une tête dont le volume disproportionné avec le reste du corps renforce cette impression de puérilité qui détonne avec le chapeau mou dont le tout est couvert et qui l'afflige, car K. U. entend bien être traité en gars de dix-huit ans.

La vie courante est pour lui sans goût et sans saveur. Il lit des n'importe quoi aussi illustrés que possible, traîne au lit, fume en soufflant sa désinvolture et ne consent à se sortir que pour pavaner son allure de petite terreur qui ne terrifie personne, car les habitants du village où il séjourne pour l'instant ne lisent pas l'hebdomadaire local de Saint-Ouen.

K. U. a dans son portefeuille une coupure récente de cet hebdomadaire où on lui parle de lui, nommément, comme d'un « jeune bandit particulièrement taré et dangereux ».

Maintenant coupé de son milieu, dans le « séjour d'essai » qu'il a accepté préférant quand même la « brousse » à la taule (il est à trente kilomètres de Paris), il joue les ex-légionnaires qui, livret militaire avec citations en poche, ont les épaules secouées de mépris pour tout ce qui ne concerne pas leur gloire, pourtant sans écho possible dans une pareille cambrousse. Il est retraité, décoré, mutilé mais pas pensionné.

On pourrait le croire avachi à vie par l'intensité des événements vécus.

Que fait K. U. dans sa retraite provisoire ? Le milieu ne répond pas à ses appels. Les gosses du village manquent de culture cinématographique et trouvent K. U. ridicule. Les garçons de dix-sept ou dix-huit ans ne se rassemblent pas. Ils sont absorbés dans le va-et-vient coutumier du travail, du manger et du dormir.

Le seul petit groupe interne à la Société « village » qui ait quelque permanence et quelque autonomie relative d'intentions se forme à la porte de l'école. Va pour la porte de l'école. La mode est au tir à l'arc qui est aux jeux coutumiers à Saint-Ouen ce que le film de cow-boys est aux grands films de gangsters. K. U., qui a déjà porté revolver et obéi à un réel chef de gang (pas plus tard que le mois dernier), s'adapte.

C'est-à-dire qu'un soir le secrétaire de mairie me le ramène par une oreille. À la tête des mômes du village, il poursuivait les filles à l'heure où elles vont chercher le lait aux fermes.

Sa qualification professionnelle n'avait apporté aux amateurs locaux que deux modifications techniques quant à la taille de l'arc et à la fabrication des flèches qui étaient armées de fil de fer rouillé. D'où un changement dans les blessures faites sur les victimes : les bleus et meurtrissures devenant plaies ouvertes. La présence de l'étranger dans le lot des attaquants amène aussi une variation de comportement chez les filles. Alors que ces bagarres familières et leurs conséquences restaient encloses dans le clan infantile, cette fois les filles ont porté plainte chez elles, auprès des adultes.

Mon chasseur est debout dans la cuisine. Il a les joues rouges d'une exaltation toute paysanne, les pétillements d'un vainqueur dans la prunelle et, aux poignets, le pouls enthousiaste et généreux du pré-pubère naïf ressuscité.

L'incident est de première importance, K. U. pendant quelques heures a oublié de s'imiter lui-même.

Le lendemain il se lève tôt. Le voilà parti sur les routes à l'heure où les grandes filles, qui vont travailler à l'usine de jouets en caoutchouc, partent en vélo. Il traîne encore par là quand elles reviennent. Il les interpelle, fait du stop.

Il devient l'objet d'un jeu coutumier et, un soir après l'autre, on voit sur la grand-route qui longe l'Oise d'A... à N... trois filles en vélo qui roulent de front et rient aux éclats. Une quatrième, un peu en retrait, peine : elle « tire » K. U. assis sur le porte-bagage, jambes ballantes, qui peut-être s'amuse comme un gosse mais qui doit bien penser quelque part dans sa tête (pour que l'honneur soit sauf) qu'il faut savoir faire « bosser » les filles.

Il s'avère pour lui qu'il ne sera pris au sérieux que lorsqu'il travaillera. Il lui faut se conformer aux étranges coutumes du coin et renoncer à trouver des contacts avec les « exclus » et autres mariolles. Il n'y en a pas par ici.

En te serrant la main, je sais qui tu es, d'où tu viens. Je connais la voix de ton père et les cheveux roux de ta petite sœur. Je sais où tu vas, par où tu es passé, à quelle heure tu es parti, quelle machine t'a craché son huile au front et de quelle parcelle de terre vient l'argile qui se craquelle à ton poignet.

Vouloir vivre une liberté nourrie de mille sournoiseries comme la connaît K. U. serait ici se condamner à ne pas être. L'innombrable et vigilante famille humaine a, par ici, bon appétit. « On » trouve de l'embauche à K. U. dans une entreprise : petit patron, dix ouvriers-ouvrières. D'où tombe-t-il, celui-là, avec sa grosse tête et ses pattes d'allumettes ? Adopté. Pourvu d'un pantalon, de chaussures, d'un bleu rapiécé que K. U. met sans pouvoir se rappeler qui au juste le lui a donné. Chaque jour, au bistrot où il déjeune, « quelqu'un » a pensé à apporter pour lui à la patronne un petit paquet avec un biscuit, un bout de chocolat, trois gaufrettes, six morceaux de sucre. K. U. peut me raconter qu'il se fait entretenir par les filles de l'usine, il sait bien que ce sont les grosses femmes en tablier bleu qui le traitent, très discrètement, en petit môme, qui l'ont habillé d'un bleu d'arlequin, et que peut faire un arlequin tout vêtu, tout marqué des mille échantillons de ce que l'être humain peut donner à son voisin ?

La petite usine débauche, faute de commandes.

K. U. se croit assez fort pour retourner à Saint-Ouen, sa dernière feuille de paie en poche « pour la garder, la faire encadrer et la montrer à ses petits-enfants quand ils ne voudront rien foutre en classe ».

Il se rappelle vaguement qu'à Saint-Ouen passe aussi un courant semblable à celui qui vient de le prendre, des hommes qui passent, vont à l'usine et qu'on ne voit guère, car ils n'ont pas de temps de reste.

On n'embauche pas d'apprenti.

K.U. se fera prendre sur le marché en train de voler un portefeuille, sans précaution, spectaculairement même, comme on se suicide.

Le « crac » n'est jamais passé par *La Grande Cordée,* mais il vaut d'être raconté.
Il a quinze ans. Il habite dans une baraque au bas d'un village de Seine-et-Oise. Son père est un alcoolique vociférant dont le petit jardin est quand même soigneusement cultivé. Il bêche, sarcle, sème et, de temps en temps, tire de terre une baïonnette rouillée qu'il a ramenée avec deux décorations de la guerre 14-18. Il était dans la Légion. Sa baïonnette rouillée à la main, il charge sa famille, c'est-à-dire sa femme, le crac et la fille aînée.
La mère du crac a le visage tuméfié des coups reçus, les cordes vocales distendues des cris poussés. Elle a des ulcères aux jambes. Quand le père n'est pas là, elle se saoule et part, dans le village, à la recherche du gars qui a débauché sa fille.
Le crac est un bel hérédo-alcoolique, difforme avec un visage vieillot comme tant de ses collègues en hérédité. Il est excité, gesticulant, braillard, intempestif, coléreux et instable.
Mais ce qui vaut la peine d'être raconté, c'est comment il « soigne » naturellement ses troubles du comportement comme un chat mange de l'herbe, paraît-il, pour se purger.
Il est partout : à la sortie de l'école, là où un mur s'est écroulé, où des terrassiers font une tranchée, où se collent les affiches, aux réunions électorales qu'il y ait ou non cinéma, où les chariots s'embourbent, où le camion a pris feu. Il s'abreuve de tout ce qui se passe.
Mais de quoi se nourrit-il ? À la ferme où on l'emploie ces jours-ci, le beurre est fait. Il quitte la ferme à la nuit tombante, s'en va par les rues du village en chantant à tue-tête une samba bien rythmée. Il est le garde champêtre, il s'est chargé de mission, il est le crac, la joie en personne. Il a repéré les clients coutumiers. Il connaît les coutumes intimes de chaque client. La preuve ? Les rues sont à peine éclairées. À cette heure-ci, le village, de loin, c'est à flanc de colline noire contre la forêt, une trentaine de points de lumière

jaunâtre. Le crac connaît ses chemins et la samba hurlée l'immunise. Les maisons sont calfeutrées, prudentes, retirées, étrangement disposées au fond de cours dans des recoins, grandes portes barrées, chiens qui gueulent, grange à paille, greniers à pommes. La maisonnée vivante se rétracte, chaque soir, dans une seule pièce où est le feu et une ampoule électrique au verre si culotté qu'elle fait lueur de bougie. Le crac n'ouvre pas les grandes portes. Il va, par la petite porte du jardin, par la brèche d'un mur, gratter au volet de la pièce où ça vit et chuchote : le beurre est prêt. Dans le chemin, il reprend sa samba.

Le crac se charge de lui-même de ses missions et dans la contexture de la vie sociale du village, s'il n'est point clef de voûte, il supporte sa part. Il deviendra un être humain.

J'imagine le crac dans un institut médico-pédagogique privé de ces interventions, inutile, plus qu'inutile, socialement exsangue, anormal, superflu parmi les superflus, déchireur de draps, casseur de carreaux ou, au mieux, en train de dessiner, aux crayons de couleurs, un sempiternel bateau en trapèze orné d'un drapeau tricolore et d'une mitrailleuse contre avions.

Celui-là qui vient s'asseoir en face de moi, poussé là, en désespoir de cause, par une succession de services sociaux qui se le sont passé comme les vagues se passent un morceau de bois, sait ce qu'il veut.

Il veut être bûcheron, dans une immense forêt. C'est un produit évident de parents marché-noir. Il habite du côté de la porte de Versailles. Il est coquet, avantageux. Le muscle facile, les joues en escalope de veau. Quand il se regarde nu devant l'armoire à glace de la chambre à coucher de sa mère, il veut ressembler au prix de beauté masculin du dernier

concours de la Côte d'Azur comme, à son âge, je voulais ressembler à Rimbaud.
Le fait qu'il n'a pas choisi le même « exemplaire » que moi ne doit pas m'empêcher d'être ouvert à ses intentions.
Il me répète et me précise qu'il veut être bûcheron au Canada. Il est calamistré, sent l'eau de Cologne, porte une bague et, aux pieds, des semelles qui semblent largement découpées dans un sommier de caoutchouc.
Notre réseau de « séjours d'essai » n'est pas (encore) si étendu qu'il nous soit possible de le satisfaire d'emblée.
Sa mère vient le lendemain nous gémir et nous supplier de (dans l'ordre) les délivrer et de le sauver.
En fait, police-secours a dû intervenir à différentes reprises pour mettre fin à des bagarres familiales sans doute plus bruyantes que réellement dangereuses pour la vie de quiconque. N'empêche que ses père et mère et sœur voudraient bien être « délivrés ».
Le mot est juste. Il arrive souvent qu'au moment où un adolescent va passer dans la société externe, sa famille souffre ce que la mère a déjà enduré une première fois.
Mais ce coup-ci, l'enfant se présente mal. L'enfant hurle qu'il peut bien voler cinq ou dix mille francs à son père puisqu'il sait (et menace de dire à tous les juges) comment le père les a volés.
Vingt jours après, l'autre veut toujours être – et ne veut être que – bûcheron au Canada. Il a pourtant vu, entre-temps, quelques films, mais les « situations » exposées ne l'ont pas séduit.
Nous sommes en été. *La Grande Cordée* est en contact avec quelques caravanes ouvrières avant départ. Le circuit de l'une d'entre elles prévoit des séjours campés dans des forêts du centre de la France et du Midi. La caravane accepte le « bûcheron » à charge pour elle de trouver l'embauche éventuelle pour le candidat manieur de cognée qui accepte la caravane à

titre d'entraînement et surtout parce qu'il a des raisons précises de soupçonner son père de démarches tendant à le faire boucler. Nuits en forêt. Bois à débiter (à la hachette) pour cuisson des nouilles et feu de camp.
La caravane revient, l'athlète furieux s'est comporté comme un ange délicat.
Il trouve une embauche chez un artisan parisien, fabricant de petits meubles, et sa tâche est de vernir tables gigognes et nécessaires de coutures à petits coups de pinceaux et grands coups de chiffon.
Il travaille fort bien.
Mais nous jugeons prudent de compléter à son égard le « dispositif ». Un collaborateur latent de *La Grande Cordée* s'entraîne le dimanche au plongeon de haut vol. L'Hercule au chiffon de laine accepte « l'occasion » de tarzaner d'une manière un peu civilisée.
Il habite toujours porte de Versailles.
Quand l'artisan n'aura plus de commandes, ça risque de recommencer à cogner sur les tapis moelleux de l'antre familial.

1950

Le groupe et la demande : à propos de « La Grande Cordée »

Autour des années cinquante eut lieu une tentative de prise en charge « en cure libre » d'adolescents caractériels, délinquants et psychotiques et qui ne semblaient pas pouvoir s'améliorer par un « placement » où que ce soit, y compris en Service psychiatrique[1].

Il m'a été souvent demandé de préciser les méthodes de cet organisme expérimental qui s'est appelé *La Grande Cordée*.

Maintenant, avec le recul d'une quinzaine d'années, je comprends pourquoi je n'ai jamais répondu. Ce qui se passait au sein, comme on dit, de cet organisme né d'un petit groupe de volontaires aux idées assez disparates ne prend de sens que si je rends compte de *La Grande Cordée* comme d'une étape, ou plutôt comme d'une prise de position venant après d'autres prises de position tout au long d'un long cheminement avec des détours et nulle part pour arriver.

Il ne s'agit donc pas de méthode, je n'en ai jamais eu. Il s'agit bien, à un moment donné, dans des lieux très réels, dans une conjoncture on ne peut plus concrète, d'une position à tenir. Il ne m'est jamais arrivé de pouvoir la tenir plus de deux ou trois ans. À chaque fois, elle était cernée, investie et je m'en

1. Paru dans *Partisans*, n° 39, octobre-décembre 1967.

tirais comme je pouvais, sans armes et sans bagages et toujours sans méthode.

L'affaire a commencé au lendemain de 1940, durant la guerre dans le Nord, à quinze kilomètres de Dunkerque, à Armentières, dans un immense Hôpital Psychiatrique Autonome, tout ce qu'il y a de plus autonome, qui gardait et pour ainsi dire, « auto-digérait » sa provende d'aliénés. Plus de mille lits, une quinzaine de pavillons sans compter les demeures privées, les locaux administratifs, la brasserie, la Chapelle et la Morgue. Parmi ces pavillons, le 3, je crois, qui était celui des adolescents, une vraie racaille expertisée pervers pour certains après séjour en bagne d'enfants ou débile irrécupérable ou je ne sais quoi encore qui était le certificat d'admission. On peut dire qu'il n'était guère question pour eux de sortir de l'asile. À un certain âge, ils changeaient de pavillon, à un certain âge ou après certains comportements. Ils avaient des gardiens, des serrures de sûreté, des grilles de trois mètres cinquante plus le saut de loup ; un uniforme de velours blanchâtre qui était la tenue d'asile. Ils étaient une centaine là-dedans vaguement répartis en des sortes de groupes : pubères, pas pubères, couchés, debout, écoliers, jardiniers, apprentis, ceux qu'on avait à l'œil, ceux qui ne risquaient rien. Le soir et, pour la plupart d'entre eux, à longueur de journée, ils étaient dans la salle. Ils voulaient leur liberté. Cette demande de liberté s'avérait flagrante. Leur liberté, on la leur avait prise. Ils la voulaient, d'autant plus que certains avaient été placés là, à l'asile, à trois ans et qu'ils en avaient quinze ou dix-huit et pressentaient qu'ils s'en iraient à cinquante ou soixante ans, par la morgue. Il faut avoir vécu comme ça pour croire que la liberté ça existe. Mais, même pour ceux qui avaient vécu tant soit peu « dehors » comme ils disaient, dans leur famille ou dans une ferme dont la patronne était agréée comme nourrice par l'Assistance publique, la liberté, il la leur fallait. L'égalité, ils s'en foutaient pas mal et de la fraternité aussi. La liberté. Ils disaient qu'on n'a pas le droit de vous prendre ça.

Une telle demande, un tel vent, ça s'utilise généralement pour faire tourner d'affreux petits moulins à discipline grâce à un empennage de chantage très facile à se procurer dans le commerce normal des rapports humains : ta sortie, tu l'auras, si tu es sage, si tu et si tu…

Moi, j'étais pour ainsi dire à l'abri de l'appel, ni médecin-chef, ni directeur, ni chef de pavillon. Je me demande encore ce que je faisais là : personne ne m'avait demandé d'y être, ni les gars en question, ni l'administration, ni moi. Je n'avais pas la moindre intention de réforme. J'étais là. Peut-être des suites de la guerre que je venais de vivre en plein du 10 mai au 25 juin, peut-être par un coup fourré de l'inconscient. Y étant, ce désir de liberté à l'état pur, ça a dû paraître de l'or, me fasciner, me saouler.

Les gardiens, service du matin, service de l'après-midi veilleurs de nuit, presque tous chômeurs chroniques du textile, avaient été, dans le temps, gymnastes ou joueurs d'accordéon, marins ou électriciens. De quoi faire un institut médico-pédagogique modèle, ce qui s'est fait en quelques mois.

Avec quelques-uns d'entre eux, ce fut la première position prise, d'emblée, personne n'y était pour m'empêcher de la prendre. Nous avons dit : voilà, c'est notre position, pas de sanctions. Je l'ai claironnée, cette prise de position, debout sur le perron, vers les cent bagnards rassemblés. À vrai dire, rien n'a bougé. Je n'ai pas été jeté en l'air ni ovationné. J'aurais dit : « La soupe de midi sera remplacée par du saucisson d'herbe » que j'aurais eu droit au même intérêt.

Cette position, nous l'avons tenue tranquillement : ateliers, sport, sorties en troupeau, en petite bande, à deux ou trois copains, beaucoup de sport. Tout ça vous avait, toutes proportions gardées, un petit air makarenkisant, moins les drapeaux qu'il valait mieux ne pas sortir, vu l'époque et les occupants, et nous, quel drapeau on aurait sorti ? Le drapeau des fous ? Tout ça, facile, dans l'enthousiasme, le dévouement et le respect du mot d'ordre : pas de sanction. Il faut dire que les cent gars, ils en avaient été abreuvés, abrutis, et de toutes les sortes, avant notre petite révolution. Et la liberté ?

En quelques mois, cette ample demande qui semblait venir du fin fond de l'espèce était devenue :

— Si tu fais l'andouille, tu vas te faire virer. Ils se le disaient entre eux. Tu vas t'y faire jeter, dehors. Tu vas t'y retrouver, dehors.

La centaine, c'était bien les mêmes. Le dehors, lui aussi, était toujours le même et, par l'effet d'un petit groupe, la demande s'était inversée.

Quant au directeur administratif, il envisageait assez sérieusement de transformer tout l'hôpital psychiatrique autonome en un magnifique IMP autonome qui aurait été le plus grand d'Europe.

J'étais pris, cerné. Ou me prendre au sérieux, être statufié, en pleine guerre, parce que l'aliéné ne rentrait plus aussi abondamment qu'en temps de paix et vu que ça mourait de faim que le corbillard n'en venait pas à bout d'évacuer la morgue, il y aurait avant pas longtemps des lits vides. Il faut se mettre à la place du conseil d'administration. Des lits vides : c'est effarant, la guerre.

Pris dans la guerre ; aussi, par ce fait : qu'est-ce qu'il fabriquait comme bonshommes, cet IMP modèle ? Des Waffen SS. Non point que nous nous soyons appliqués à fabriquer ce type d'homme nouveau mais, dehors, la seule embauche effective, dans ces temps-là, se pratiquait dans les bureaux de recrutement de la Légion Wallonie et il faut bien dire que nos débiles légers-pervers profonds avaient une certaine allure, sous l'uniforme, quand on les rencontrait dehors, libres.

Il faudrait peut-être étudier quelle était la formation du groupe dans notre « position ». En fait, ce groupe n'avait ni lieu, ni réunion. Les gardiens devenus « éducateurs » se parlaient sans doute, mais où, de quoi ? Quand je croisais le trajet de l'un ou de l'autre, on se parlait et, tant bien que mal, je devais opérer la ré-union des séquences d'intentions des uns et des autres qui pouvaient servir dans le ballet quotidien. Leurs intentions personnelles à longue échéance, je passais dessous, c'étaient les barbelés, et les sources personnelles de ce qu'ils faisaient ou faisaient faire aux gars, leurs intentions pédagogiques, en faire des sportifs ou des bons ouvriers, des hommes-quoi, autant en emporte la conjoncture qui faisait des moins détériorés des apprentis-Waffen SS, Légion Wallonie.

N'empêche que ces cinq ou six gardiens et moi qui ne nous étions guère concertés et peut-être jamais réunis tous ensemble, nous faisons corps, un corps sans tête car je ne dirigeais pas. J'aurais été plutôt l'interprète, le chroniqueur[1].

Bref, j'ai dû décrocher et me retrouver, sous Platon, amiral à la Population, sous Pétain, délégué régional à la Prévention de la délinquance juvénile. Demande de l'administration : créer un centre d'observation et de triage. Prise de position : la porte sera toujours ouverte, les gamins seront libres. Groupe : un rescapé d'Armentières, un délégué syndical exclu de partout parce qu'il s'entêtait à militer hors des lignes, quelques copains de son quartier, un JOCiste, deux Éclaireurs. La demande des arrivants ; ne pas aller en prison, en maison de rééducation, à Armentières. Mais, assez rapidement, tout le lot fut surpris par une demande insolite faite par des évadés de maisons de rééducation qui venaient se cacher là. D'où naquit une collectivité assez originale en prise directe sur deux réalités : gratter un peu d'argent pour qu'en fin de semaine ceux qui voulaient prendre le train pour aller

1. Référence à l'article « Journal d'un éducateur : le moindre geste », paru dans *Recherches*, revue de la FGERI.

chez eux ou ailleurs puissent le faire et cacher les évadés. Autant que je m'en souvienne, ça marchait à peu près tout seul, chacun suivant sa petite idée, il y avait le délégué syndical qui organisait un peu tout ça, moi, j'étais fort occupé par une campagne de presse contre une espèce de hobereau local du placement familial. J'étais aussi le concierge d'honneur de l'endroit en cas de visite officielle ou privée.

Cette fois, la position a été cernée par les gendarmes, pour de vrai. Il a fallu déguerpir, se dissoudre dans les marais de Saint-Omer[1].

Devenu délégué régional de Travail et Culture, il m'a fallu quelques années pour atteindre une nouvelle position : *La Grande Cordée*.

Quelle était la demande de l'administration ? l'Office public d'hygiène sociale me demandait de m'occuper, le plus utilement possible, de jeunes gens implaçables, psychothérapies inopérantes. Cette fois, la position prise était un peu différente :

— pas de lit, ni maison, ni foyer ;

— un réseau de séjours d'essai à travers toute la France, basé sur le réseau d'auberges de jeunesse et tout autre lieu où « on » voulait bien prendre en séjour un gars de *La Grande Cordée* ; consigne formelle, l'éjecter s'il devenait gênant d'une manière ou d'une autre.

En gros, la demande des arrivants n'était pas très claire. C'était plutôt un refus, ne plus avoir affaire aux psychiatres :

— Les psychiatres, je ne veux plus les voir. D'abord, je ne suis pas fou…

— J'espère bien…

Le groupe ? Une ex-dirigeante de l'UJRF, communiste décidée, quelques militants des Auberges, tous extrémistes poli-

1. Voir *Les Vagabonds efficaces*.

tiques : trotskystes, anarchistes, des moins jeunes qui cherchaient quoi faire d'autre que les huit heures salariées et, pardessus ce petit lot, des amis, un aréopage d'amis : le professeur Henri Wallon, le docteur L. Le Guillant…

Le groupe d'origine était fort vivace. Il avait lieu où ? L'endroit compte. Si vous demandez à un adolescent, psychotique ou non, quels sont ses projets, si vous êtes un monsieur de quarante ans dans un bureau de psychologue ou si vous êtes une jeune fille de dix-huit ans sur un banc du Luxembourg, à moins que le gars ne soit vraiment pas bien, vous n'obtiendrez pas la même réponse.

Cette question :

— Alors, qu'est-ce que tu voudrais devenir ?

Je la posais dans un petit recoin d'un vrai théâtre qui avait été celui de Dullin, alors désaffecté et requis pour la Culture Populaire. Au mur, un lavabo où venaient se démaquiller les personnages de Pirandello ou de Bertolt Brecht si bien que les caractériels venus s'asseoir là, souvent accompagnés de leur mère ou de leur père ou d'une assistante sociale qui n'en croyaient pas leurs yeux puisqu'ils venaient vers un organisme spécialisé recommandé par quelque haute sommité psychiatrique qui me connaissait de nom, ont vu passer ces étranges personnages suants et maquillés, Arlequin, Mère Courage…

Je disais :

— Alors ?

J'écoutais le théâtre : pas les paroles, le bruit. Quel extraordinaire instrument à bruits qu'un théâtre quasiment vide, comme la voix paraît grêle, même celle des acteurs, grêle et pour ainsi dire insignifiante. Que dire alors de celle du jeune homme assis qui me racontait sa vie ou des racontars de la mère ou de l'assistante sociale. Je disais :

— Eh oui, bien sûr…

Avec la voix d'un ténor qui répétait sans cesse et le bruit des chœurs et des répliques. Toutes ces banquettes vides, relevées

et ces escaliers de bois en colimaçon… Albert Camus passait quelquefois par là, je ne l'ai su que beaucoup plus tard. Les murs étaient des cloisons de planches. Quelquefois, en arrivant, vers neuf heures, je voyais un mur abattu. Albert S. m'attendait, assis en face de ma table. Il avait frappé. Je n'avais pas répondu. La porte était fermée. Alors, il avait abattu le mur, d'un coup d'épaule. On remettait les planches en place à cause du propriétaire qui rôdait toujours et n'estimait pas plus la culture populaire que la pédagogie d'avant-garde et ne cherchait qu'un prétexte pour mettre tout ça dehors. Albert S. avait dix-neuf ans, un mètre quatre-vingts. Il était nègre et pupille de cette Assistance publique dont il cassait la figure aux directeurs départementaux. Il disait :
— Tu rigoles, Deligny, tu m'en veux pas ? Tu viens boire un crème ?
Histoire de voir si je n'étais pas un peu directeur de quelque chose, sur les bords ou dans le fond.

Il y avait Albert S. et une vingtaine d'autres qui refluaient vers le soir : alors que ma position était d'éviter les problèmes propres aux collectivités médico-pédagogiques, ils me sourdaient d'en dessous, ça devenait la bouillasse, Verdun, la guerre de 14. J'essayais de les emmener dehors, de les perdre, comme une chienne ses chiots mal-foutus. Je disais :
— Je m'en vais…
Ils me suivaient. Le théâtre était vide ? On tirait le rideau de fer jusqu'au ras du trottoir. Je m'en allais mais eux revenaient, soulevaient le rideau de fer, se glissaient dans le théâtre. C'était la nuit. Ils allaient se loger dans cette petite forêt d'arbres courts qui soutient la scène. Ils dormaient dans des tentures, des robes de Doge et des affutiaux de toutes les époques ou bien ils mimaient des combats, armés de hallebardes et de piques. Le matin, ils avaient la prévenance d'être tous dehors comme il convient bien avant que j'arrive. J'ignorais d'ailleurs ces événe-

ments nocturnes. On me les a racontés bien plus tard. D'ailleurs je n'étais pas tellement là.
À Noisy-sur-Oise, il y avait une villa-châtelaine qui appartenait à un ancien ministre de Pétain ou à sa femme, fille du directeur de la Banque d'Indochine à ce qu'on m'a dit. Le ministre avait été appréhendé alors qu'il se faufilait en Espagne : vingt ans de travaux forcés; son château dans l'Oise réquisitionné pour en faire une auberge de jeunesse. Il y avait un petit lot de gars en séjour là dont un qui élevait des escargots dans sa chambre Pompadour : il faut bien vivre avec son temps... Ça ne pouvait pas durer. Le ministre, ils l'ont libéré bien avant terme. Nous avons eu beau lui dire qu'il n'était pas en règle, que, si ça se trouve, il s'était évadé, qu'on ne voulait pas avoir d'histoires, qu'on restait là, dans notre droit et notre château, les gendarmes sont venus : deux brigades. Dans le lot des gars en séjour, il y avait un petit protégé de la Baronne de Rotschild, la tête farcie de bienfaisance. Quand je le voyais, dans un groupe d'ajistes mobilisés, gueuler sous les fenêtres du maire tous les chants de la Résistance, je me disais qu'il avait peut-être sa chance.
À Villennes, autre auberge à la sortie d'une autoroute. Une année de campagne électorale. La nuit, la dizaine de gars en séjour dans les petites maisons de bois de cet ancien « camp » de nudistes venaient avec nous coller des affiches, tous, y compris ce fils de gendarme de service au ministère de l'Intérieur et celui qui disait :
— Moi, je suis royaliste...
Et cet autre, qui était pour de Gaulle et arrachait allégrement, des deux bras, les vastes affiches du RPF en disant :
— Mon vieux, ceux-là, ils ont de la bonne colle. On voit qu'ils ont du pognon.
C'est pour ça qu'il était pour de Gaulle, du côté du pognon, mais là, la nuit, sûr que de Gaulle ne le saurait pas, il y allait de bon cœur. L'action précède la pensée.

Cet ancien camp de nudistes, sa propriétaire habitait Trouville. Elle ne voulait plus nous voir là, elle qui trouvait déjà les Ajistes par trop dépenaillés. Il est vrai que les gars de *La Grande Cordée* de cette fournée-là avaient triste allure. Un souteneur de seize ans, un invraisemblable imbécile qui sortait de Fresnes pourvu d'une collection de couteaux à cran d'arrêt accrochés à la ceinture, deux homosexuels semi-professionnels qui se détestaient, un rouleur d'épaules aux jambes torses qui ne descendait en ville que pour s'installer au volant du premier poids lourd arrêté. Vitre baissée, il attendait les filles. Quand elles étaient passées, il descendait. Eux et quelques autres branchés, c'est le cas de le dire, sur la bonne femme de la cabine téléphone, à quatre kilomètres, qui avait fait la guerre de 14 comme infirmière. Et avec eux ? Personne. Eux. Ils attendaient que j'arrive, toute la journée, quelquefois plusieurs jours, une semaine. Ils savaient que j'allais ici et là, à moto, pour leur chercher « quelque chose ». La manie leur avait pris de la mer. Je parcourais, nostalgique, le bord de mer. Une drôle de machine à trier les galets m'a longtemps tenté, pour eux. Ils se seraient affairés là autour, entreprise coopérative... Un pasteur me trouvait des embauches dans les boîtes de nuit, barman, ou sur des dragueurs de mines. On allait distribuer des tracts à la sortie des usines Simca à Poissy.

Dans le même temps, la position prise au début se précisait :
– prise en charge des projets, quels qu'ils soient (y compris mettre le feu au ministère de la Guerre) ;
– provoquer la mise au point de ces projets individuels, leur accommodation par des changements fréquents de mode de vie.
Par là-dessous, une espèce de doctrine s'affirmait en secret car *La Grande Cordée*, organisme expérimental s'il en fut, était quand même agréée et la doctrine en question n'était pas facile à afficher. Elle disait : laisser jouer l'imprévu, que « n'importe quoi » puisse arrive.

Ce nouvel angle de vue, cette nouvelle meurtrière ouverte dans notre position, nous apportait des surprises que je n'aurais pas fini d'éplucher si j'avais gardé mémoire des évolutions de comportement et de mentalité des gars dont on peut dire alors qu'ils étaient contrôlés dans la mesure où ils voulaient bien venir se montrer dans cette espèce de petit corpuscule formé par notre groupe assez semblable à ces reflets qui palpitent sous l'arche des ponts, reflet de la lumière sur le cours du fleuve ou du canal, reflet vivace du temps, de l'histoire, des événements, des grèves, des guerres. Quelquefois, l'un d'entre eux restait avec nous pour un bout de temps ; le corpuscule changeait de forme, légèrement. D'une manière générale, les médecins ou les services sociaux qui nous confiaient des « cas » étaient plutôt contents, agréablement surpris. Ils ne voyaient plus les gars. Ça devait marcher. Y avait-il une mentalité « Nous, les gars de *La Grande Cordée* ? À peine : le sigle n'intéressait qu'une petite fraction des intéressés. Pour les autres, il y avait bien une espèce d'organisation, une franc-maçonnerie.

— Tu vas aux Baux. Là, tu demandes un gars qui s'appelle Visse. Tu lui dis : je suis de *La Grande Cordée*. Il tisse à la main.

— Et alors, qu'est-ce que je vais faire ?

— Tu verras bien…

Le gars qui voulait être pharmacien parce que son père… mais les études… se retrouvait en train de repiquer du riz dans la boue. Harassé, très fier, personnage de film italien.

J'avais bien essayé de fonder des espèces de groupes dans ce que nous appelions les « séjours d'essai ». J'avais proposé que les membres du « séjour d'essai » ne m'écrivent jamais hors de la présence du gars concerné, sans que la lettre porte sa signature. Ça n'a jamais marché. Henri Wallon me l'avait dit : ça ne marchera pas.

Dans le corpuscule qui n'était pas tout à fait, tout à fait, sous l'arche d'un pont et qui eut le tort d'aller s'installer dans des locaux qui avaient un peu d'allure, du côté de la place de la République, chacun suivait sa petite idée et, à l'occasion, endoctrinait un gars ou un autre. On a bien dû contribuer pour une bonne part à l'éclosion d'un membre du PCF devenu secrétaire de section et au fait que, quelques années plus tard, au moment de la guerre d'Algérie, un ancien de *La Grande Cordée* ait détourné un avion de ligne américain pour le faire atterrir à La Havane avec pilote et passagers un peu surpris. Fidel Castro a dû l'être aussi.

J'étais là, persuadé que ça ne pouvait pas durer. Au sein même du conseil d'administration, les sons de cloche tournaient au glas. Au ministère de je ne sais pas quoi, on découvrait un court-circuit : du moment que *La Grande Cordée* percevait un prix de journée, pas question que les gars travaillent comme ça n'importe où et soient rémunérés, salariés, déclarés comme travailleurs alors qu'ils étaient « malades ». Beaucoup de séjours d'essai se bourraient par le simple fait que quelqu'un entreprenait en personne la rééducation d'un gars qui, du coup, parasitait les lieux. Je racontais des anecdotes à peu près vraies : notre seule artillerie. On aurait pu tripler le prix de journée, avoir un château bien à nous. J'entends dire, encore aujourd'hui : « Pourquoi ne l'as-tu pas fait ? »

Il a bien fallu décrocher et je peux dire reprendre le maquis puisque c'était dans le Vercors. Dix-sept inadaptés sociaux, dont des cas très spéciaux, sont partis, un beau soir, par le train de nuit, avec une grande tente blanche et c'est tout. Eux et la tente blanche. Le petit corpuscule, sous l'arche du pont, avait disparu, écartelé. Deux ou trois membres du groupe voulaient que ça dure. Mais quoi « ça » ? Les autres ont rejoint le Vercors quelques semaines plus tard.

La grande tente blanche, les gars avaient été la planter juste au pied du rocher des Deux Sœurs, sur les derniers arpents de terre meuble avant la dent. Le tout petit groupe, le nôtre, s'est installé beaucoup plus bas, dans la vallée. Eux, en essaim, sont restés là-haut. On ne risquait pas de se voir. J'étais décidé à écrire un roman qui devait paraître deux ans plus tard[1]. En petite équipe, ils allaient projeter *Tempête sur l'Asie* dans les moindres petits patelins du Vercors. C'était une espèce de ragoteur qui faisait la liaison. Si je l'avais écouté, il m'aurait dégoûté des autres. Je ne l'écoutais donc pas, ce dont il était fort vexé. Il restait des jours sans venir. Je ne m'en portais que mieux.

J'imagine qu'il y avait groupe et même groupe forcené quand le vent soufflait dans le couloir, entre les Deux Sœurs. Dans l'essaim, là-haut, il y avait un peu de tout plus un débile qui leur cassait les pieds :

— Et Gérard ? Il ne m'a pas écrit, mon frère Gérard ?

À longueur d'heures, quand ça lui prenait. Quelqu'un disait :

— Tu as une lettre…

— Où ?

— À la poste, en bas.

En bas, le village, le clocher grand comme un ongle. Il y allait, droit devant. Il mettait un jour ou deux pour revenir. Il ramenait le courrier.

— Et Gérard, qu'est-ce qu'il dit, Gérard ?

Il y en avait tout le temps un, j'espère, pour faire semblant de lire n'importe quoi.

Il a dû faire de sacrés orages, là-haut. Il en a fait. Ils s'accrochaient aux cordes de la tente que le vent arrachait, couchés dehors sous les rafales d'eau et quelquefois de pierres qui se détachaient de la paroi.

N'importe quoi.

On ne peut vraiment pas parler de méthode et cette position du « n'importe quoi » n'est certes pas une position pédagogique. Pourtant, elle découvre des horizons infinis.

1. *Adrien Lomme*, Gallimard, 1958, réédition François Maspéro, 1976.

De là, je suis revenu en arrière, et pour cause : à partir de la position du « n'importe quoi », je ne pouvais pas faire un pas de plus dans la même direction. En ruminant, en rabâchant peut-être des souvenirs d'Armentières, en les remâchant, voilà qu'en sortait un jus d'un goût nouveau : le projet commun. Du temps de l'Armentières très asilaire, il m'avait bien semblé percevoir qu'il se passait quelque chose d'étrange, de notable, quand, dans le brouhaha de :
— La liberté, on la veut, notre liberté...
s'élaborait un projet concret d'évasion à quatre ou cinq ou plus. Il fallait souvent des mois de préparation et, dans la plupart des cas, après une petite fièvre d'enthousiasme, le projet restait à l'infini :
— S'évader...
Mais, quelquefois, il se préparait réellement, il avait son échéance : il fallait alors se concerter très brièvement, récolter des morceaux de scie à métaux, planquer des habits, de la nourriture et, cependant, garder l'allure habituelle dans la selle et, le soir, aller gratter un peu le bleu des carreaux, dehors c'était la guerre, piquer sa crise ou somnoler, discuter genre amical avec un gardien ou un autre, donner confiance, écrire au Directeur pour demander la sortie. La grappe qui se formait avec les grains les plus disparates, les plus imprévisibles, d'étranges associations s'avéraient tenaces, impossible de comprendre ce qui avait joué pour attacher ces six-là à la même évasion prochaine, de même que je ne comprends pas souvent pourquoi tel bonhomme vit avec telle bonne femme. N'empêche que personne n'y voyait rien et que ça se tirait pour de bon, par un beau soir de mai, pour aller tuer une vieille, lui piquer son pognon et prendre le bateau à Dunkerque. Cet événement remarquable, je voulais en quelque sorte le récupérer dehors, en liberté...
Mais quoi mettre dans l'huître pour que se fasse la perle ? L'huître, c'était nous, deux ou trois adultes et une quinzaine

de cas de toutes les races qui m'avaient été envoyés : les services sociaux s'entêtaient à considérer *La Grande Cordée* comme toujours existante malgré son sabordage. On était dans la Haute-Loire. Pourquoi pas la Haute-Loire ?

La position prise fut de créer une coopérative-bâtiment, de racheter une maison très délabrée, de la remettre en état de la cave à la cheminée, ce qui fut fait en plein Brioude. Le plus vieux de la bande avait seize ans. Il avait travaillé dans le bâtiment. Ça marchait. Mais j'étais devenu rusé et, pour soutenir l'effet du « projet commun » qui aboutissait à la revente de la maison et au partage des bénéfices ou au réinvestissement dans un nouvel achat (on a failli acheter une rue), je l'avais doublé d'un autre projet : tourner un film documentaire sur ce qui se passait vraiment[1]. Autrement dit, outre le projet suggéré, je concrétisais une demande venue du monde entier et qui aurait pu se formuler ainsi…

– Nous autres, spectateurs des salles de cinéma, on voudrait bien savoir, voir, comment une troupe de mal-foutus, d'alcooliques prématurés, d'incapables, de prétentieux, de rejetés des maisons d'enfants, vont s'y prendre…

Somme toute, un espèce de petit Chemin de la Vie mais soutenant, motivant le quotidien.

Par manque d'argent, le film n'a jamais eu que quelques bobines de trente mètres. Mais cette présence en pointillés très espacée de la caméra jouait son rôle.

Personnellement, je n'étais guère là. J'écrivais ce roman et je me demandais qu'est-ce que c'était que cette manie d'avoir toujours un groupe à la portée de main ou d'oreilles, comme certains ont un bréviaire et d'autres un transistor.

La maison revendue un bon prix, avec ce qui restait de la bande, nous sommes partis dans l'Allier prendre position vis-

1. Voir p. 246, « La caméra, outil pédagogique ».

à-vis d'un arriéré qui certes ne nous demandait rien du tout, même pas sa liberté, ni d'être autrement qu'il n'était.
Pourquoi et contre quoi cette marche et ces détours et, je le dis puisque le mot est latent dans ce récit, cette espèce de guérilla ? Le mot est dans l'air du temps. Nous sommes au sein de la guérilla comme en 1940, on était au sein de la guerre.
L'État, l'état des choses, l'état d'esprit, les institutions, les forteresses psychiatriques, la loi qui est de ne pas prendre de risques. Ne pas prendre de risques, avec des fous, on voit bien où ça va, immanquablement.
Les infinis du « n'importe quoi »...
Les secrets de cette matière quasiment inconnue d'entre les uns et les autres et qu'on nomme le « milieu ».
Je n'ai jamais eu ni goût, ni talent, pour le façonnage des caractères. Je sais bien que, de par le monde, des éducateurs s'ingénient à modeler cet « homme nouveau » que l'État leur demande ou leur commande...
Je ne voudrais pas qu'on s'y trompe. J'ai bien écrit en 1944, un petit livre qui parle de ce métier-là. Ce n'est pas le mien.

1967.

La caméra, outil pédagogique

LE PROJET de réaliser un film documentaire qui serait l'œuvre collective des membres de *La Grande Cordée*[1], quel que soit leur âge, est né du fait que le cinéma est un « langage » d'autant plus important pour nous, éducateurs, que nous avons affaire à des adolescents qui, pour la plupart, ne pratiquent guère ou pas du tout le langage écrit, faute d'une instruction suffisante, et font un usage restreint du langage parlé, restreint non pas quant à l'abondance, mais quant à la valeur d'échange des mots et des phrases : diserts pour ne rien dire, le langage les étourdit ou leur manque quand il s'agit de se faire entendre.

Par là, ils ne font pas partie d'une catégorie particulière : ils ont tout simplement drainé au cours de leurs quinze ou dix-sept années d'existence, une part un peu lourde des habitudes et des coutumes les plus courantes dans leur temps et leur milieu de vie.

L'image – photographies des journaux et des magazines, cinéma, télévision – envahit le monde et livre un assaut permanent au langage écrit. Le langage parlé n'échappe pas à l'omniprésence des techniques modernes de diffusion. Je n'en citerai pour exemple que Christian T., brave et frêle gar-

1. Paru dans *Vers l'éducation nouvelle*, n° 97, octobre-novembre 1955.

çon de quinze ans, ému et muet à la moindre question à lui posée et dont l'allégresse se déclenche lorsqu'il entend un mot qui lui permet de débiter un slogan radiophonique. S'il entend : « blanc », il chante la « blancheur Persil » ou « dents blanches, haleine fraîche », heureux de se retrouver dans les ondes radio-publicitaires, comme un canard dans sa mare. Pour le reste, et quant à sa propre démarche, sa pensée trébuche, manquant de rythmes et de mots.

Quittons Radio-Luxembourg pour en revenir aux images. Les magazines-photos, les dessins en bande, le cinéma sont des faits. À quoi servirait-il de se faire le Don Quichote du temps des premières gazettes où la phrase, le mot, spécifiquement humains, étaient reine et roi absolus, titres et textes ? L'image, le dessin, la photo, le cinéma sont vraisemblablement, eux aussi, spécifiquement humains et on voit mal l'homme perdant peu à peu l'usage de la parole, donc de la pensée, de par l'abondance des images directement reproduites.

Le cinéma est donc un fait au moins hebdomadaire dans la vie des adolescents que nous devons aider à sortir de quelque impasse qui ne leur est personnelle qu'en apparence. Dire que le cinéma en tant que tel leur fait du mal serait aussi faux que de taxer la littérature de malfaisance, sous prétexte qu'il y a des livres malfaisants.

Évidence… Évidence qu'il faut regarder de plus près. Du moment qu'un enfant voit un dessin, il dessine ou du moins connaît l'acte de tracer. Le théâtre, il sait d'emblée de quoi c'est fait : il parle et mime lui-même. Le cinéma, il le subit. On regarde un film un peu comme on regarde une montagne ou la mer. Même une rue, des maisons sont une réalité dont l'enfant ou l'adolescent sait que l'homme, son semblable, son aîné, est l'auteur, le créateur : un enfant, garçon ou fille, joue à faire des maisons. Mais un film ? Voilà qu'il vous propose la « réalité » photographiée. On ne sent pas que quelqu'un l'a fait comme lorsqu'il s'agit d'un dessin, par exemple.

Je n'ai jamais vu d'enfants jouer à faire un film. Il est vrai que je n'ai pas vu jouer tous les enfants, mais je crois qu'ils « ignorent » la part exacte de l'homme dans la création cinématographique, même s'ils savent comment un film est fabriqué. Le film donne une impression première de réalité directement reproduite, une réalité extraite de la réalité naturelle.
Pour moi, c'est là que réside force majeure et danger latent du cinéma. Les « coulisses » du spectacle cinématographique sont si lointaines, si discrètes qu'il y a événement et non plus spectacle. Il ne faut pas que les enfants croient que ce qu'ils voient au cinéma est un échantillon brut de réalité. Ils doivent savoir qu'il s'agit d'un « langage ». Ils ne peuvent le savoir vraiment que s'ils s'essaient eux-mêmes à ce « langage » afin de le percevoir sans en être envoûtés. J'ai pensé que le cinéma avait sa place dans un organisme comme le nôtre qui veut aider des adolescents en difficulté. Il n'est évidemment pas question que chacun ait sa caméra, mais il est nécessaire que cet outil-là soit réellement à la disposition de ceux qui veulent s'en servir pour raconter en quelques suites d'images ce qu'ils voient de la vie qu'ils vivent. Instituteur, je me suis arrangé pour que les porte-plumes (ils étaient rouges et tous pareils, baguette de bois peint avec au bout le fer de la plume, fer de lance, émouvants, en retard sur l'histoire de la civilisation, éternels) restent bien en vue sur les tables, dans leur rainure, même lorsque les écoliers n'étaient pas là, comme l'outillage sur un chantier, à l'aube, avant l'arrivée des ouvriers.
Éducateur, je veux voir prêt à servir l'outil à capter les images, outil compliqué avec son horlogerie interne et ses tourelles, mais qui inspire un respect salutaire à la crapule la plus désinvolte et la plus négligente.
Jusqu'à présent, comment nous en sommes-nous servis ?
Mal, cela va sans dire, et d'une façon très parcimonieuse, étant donné le coût de la pellicule et de son traitement ; mais enfin la caméra est là et, pour continuer la comparaison avec l'écriture,

disons que certains des garçons de *La Grande Cordée* et des adultes de la même organisation ont fait très peu de barbouillage avant d'en venir aux phrases, c'est-à-dire aux séquences.

Les trois quarts de la pellicule tournée traînent encore dans quelque laboratoire, toujours à cause de ce fameux argent. Il n'est donc pas question de parler de « l'œuvre », du film, dans son état actuel. Nous n'avons pas encore vu les bobines tournées dans le Vercors en juillet dernier. Nous étions une bonne quinzaine campés juste au pied des Deux Sœurs. Maniée par l'un et par l'autre, la caméra a cliqueté. Sur quel scénario ?

Il était vaste, ce scénario, démesurément vaste pour les cinq ou six bobines de trente mètres que nous avions à utiliser ! Nous étions dans le Vercors, un des hauts-lieux de la Résistance. Nous étions dix-sept, dont quinze garçons de treize à dix-huit ans, arrivés aux Deux Sœurs huit jours avant nous, les adultes. Ils avaient l'un des leurs, vieux de seize ans, pour responsable, caractériel d'aussi mauvaise réputation que les autres. Avec eux, une fille de vingt ans. Ils avaient une grande tente blanche qui ne pouvait pas tenir attachée au sol quand le vent râpait les monts. Une nuit, ils ont dû la tenir, accrochés aux cordes sous des rafales de pluie. Le lendemain, un paysan leur a proposé une baraque qui n'avait abrité personne depuis le temps du maquis.

Le film était là, prêt à faire. Quinze garçons à la recherche du maquis, partout, au long des chemins, dans la mémoire des gens. Quinze garçons qui auraient demandé, caméra en mains, que soient revécus, remis en scène, des bouts d'histoire du maquis, joués, après avoir été vécus, par ces deux paysans, rescapés du Pas de l'Aiguille, par ce vieux qui discutait avec les patrouilles ennemies pendant que sous le foin de sa grange, les « terroristes » n'osaient plus respirer. Ce film-là n'a pas été fait.

Bien d'autres films ont été projetés qui ne seront pas réalisés non plus.

Nous aurions voulu, par exemple, avec des anciens de *La Grande Cordée*, tenter de filmer ce que des garçons de quatorze ou seize ans voient de leur quartier natal, ce qu'ils perçoivent dans le dédale des rues environnant leur maison, afin que la caméra montre ce que voient leurs yeux, tous les jours, de la réalité familière et ce que ces mêmes yeux voient, quelques mois plus tard, quelques mois passés ailleurs, loin de la maison, parmi d'autres gens, aux prises avec un autre « régime de vie », une fois élaborée quelque intention de métier futur. Essayez de montrer comment un ensemble d'intentions nouvelles modifie la perception de la réalité.

Tel est le document qui nous a tentés pendant quelques mois. Mais les événements ne nous ont pas laissé nous attarder à cette recherche.

Il faudrait y employer une caméra secondaire et nous n'en avons qu'une occupée d'office au point où elle peut être le plus utile, non pas pour enregistrer l'action pédagogique, mais pour participer à cette action, un peu comme une seule, unique et précieuse arme mécanique dans un combat. De quel combat s'agit-il ?

Des garçons nous arrivent démunis, pour la plupart, d'intentions concrètes. Au mieux, ils présentent, à l'arrivée, des mots comme « maçon... » ou « vivre indépendant... » maigres passeports pour l'avenir. Nous y mettons quand même notre cachet : ce sont des mots d'espoir que nous essayons de nourrir dans la petite collectivité à la population mouvante qu'est le séjour d'orientation.

La caméra est à la disposition du garçon responsable de semaine aux emplois du temps.

Chaque soir, après une réunion d'une heure, chacun des garçons en séjour d'orientation rédige son emploi du temps pour le lendemain, d'une façon aussi précise que possible.

Le responsable de semaine aux emplois du temps individuels contrôle si chacun fait, à l'heure dite, ce qu'il avait prévu, ce qu'il avait choisi, la veille comme travail, comme tâche ou comme loisir parmi les travaux et les tâches permanents ou occasionnels proposés : chantier de bâtiment, de décoration, jardinage, coups de main aux paysans voisins, travaux d'entretien et de ménage, apprentissage d'essai chez un artisan proche et tout ce qu'un bourg et un village de la Haute-Loire peuvent offrir comme activités de tous ordres.

Si, au cours de ses tournées, le responsable de semaine perçoit une « scène » qui lui paraît intéressante, il la filme s'il est capable de manier la caméra. Sinon, il fait appel à un « opérateur », c'est-à-dire un autre garçon qui est déjà suffisamment expérimenté pour ne pas gâcher la pellicule.

Il arrive souvent qu'un ancien de *La Grande Cordée* écrive ou vienne voir où nous en sommes avec les nouvelles recrues ou bien qu'un garçon parti en séjour d'essai revienne en séjour d'orientation pour remettre au point ses intentions. Le film dont l'un et l'autre ont tourné quelques bribes est l'objet des premiers propos échangés. Où en est le film ? Il est la mémoire de l'organisation, mémoire frappée de longues périodes d'amnésie, mais je crois que lorsque nous aurons pu procéder à un premier montage des bobines, nous aurons mieux qu'une mémoire collective : nous aurons les prémices d'une conscience propre à la collectivité *Grande Cordée*.

Makarenko insiste sur la force de la coutume dans une collectivité pédagogique.

Notre tentative, avec son dispositif de séjours d'essai qui éparpille les garçons de *La Grande Cordée* vers des conditions d'existence supposées favorables à leur évolution, se prête mal à l'instauration de coutumes, de traditions qui, à travers les attitudes, transmettent, d'individu à individu, l'expérience collective.

Notre collectivité pédagogique dans sa lutte contre les forces ennemies (c'est-à-dire : le manque d'apprentissage, la « morale » de classes pourrissantes dont les contradictions et

les philosophies trouvent un terrain d'élection, même sous forme de formules argotiques, dans les mentalités des plus faibles) doit s'inspirer d'une « stratégie » plus maquisarde.
La centaine de gosses de la colonie Gorki pouvait faire front dans une société en train d'organiser ses perspectives d'avenir. Pour les nôtres, faire front serait faire cible. Ils multiplient leurs chances de s'en tirer en s'éparpillant dans un pays où rien n'est consciencieusement prévu que leur exploitation, en tant que main-d'œuvre instable.
Et pourtant ils ont besoin d'une « collectivité » ou, si l'on veut, d'un milieu d'appui qui les informe, les « inspire » d'une manière un peu cohérente et suivie, qui leur fournisse des raisons d'être car, pour la plupart, ils se sentent en trop sur une terre où tout se passe pour eux, comme si, effectivement, ils n'avaient rien à y faire. Le film leur donne une raison d'être. Ils ont une preuve à faire. On les a traités de caractériels, de déficients, de « malades », de déchets. Ils peuvent devenir des exemples. Avec la caméra, le monde les regarde, le monde des Autres, qui n'avaient rien à faire d'eux, et seront tout à l'heure les témoins de ce qu'ils font chaque jour.
Mise en scène ? Non. Mise en vue. Mise au clair. Mise en public.

Pendant que j'écris, la caméra est sur ma table, sans munitions. Nous n'avons plus de pellicule, à nouveau, depuis deux jours. L'arme automatique est muette. Au-dessus de ma tête, sur les dalles du séjour d'orientation au long couloir propice aux courses, l'infanterie se démène pour nettoyer la poussière que la bâtisse féodale où nous vivons sue par tous ses recoins. Nous sommes le 14 juillet 1955.

Si tout est propre à mon gré, tout à l'heure, ils iront à la pêche, avec un permis pour cinq, et une gaule. Maurice A., dix-sept ans, a dit qu'il ne sortirait pas. L'ennemi pour lui, c'est le bistrot. C'est un ennemi nombreux. Maurice A. se planque. Il a été filmé aux prises avec plâtre et ciment sur le petit chantier qu'il a démarré en arrivant ici. Il sait que, s'il se remet à boire, le morceau de film où il existe, chef de chantier, sera mis en réserve pour longtemps, jusqu'à temps qu'il vive réellement une vie en harmonie avec les premières images.

Et s'il est vrai, comme je le crois, que les intentions nouvelles modifient ce qu'un être perçoit du monde qui l'entoure, Maurice A., sa future coopérative en tête, n'est plus sur la même terre que Maurice A., tâcheron précoce du bâtiment, appris à boire par des compagnons qui ne voulaient pas mal faire en le traitant en égal, en lui passant la bouteille quand ils buvaient eux-mêmes.
Vaste monde. Force des habitudes, des modes, des coutumes. En face d'elles, il serait très imprudent de vouloir susciter d'emblée des intentions nouvelles avec des petits et grands mots salis par un trop long usage dans les tartufferies de la morale bourgeoise. Mais avec des images ?

La Grande Cordée à Salzuit,
par Paulhaguet (Haute-Loire).

14 juillet 1969

Les vagabond efficaces a été écrit peu après la Libération, fait historique que j'ai écouté des remparts construits par Vauban autour de Lille dans le Nord.

#L'histoire de mai-juin 68, je l'ai vécue le cul sur un vieux rocher de la chaîne hercynienne et Jean-Marie J., un gamin de treize ans qui n'a jamais dit que le mammm mammm mammm d'avant la parole partageait avec moi la lumière des Cévennes dans son projet de la vaste demeure à peu près vive où j'habitais alors vers la source dont l'eau était pour lui la seule présence proche près de laquelle il venait frémir au long des jours. Pas un mot, jamais, n'est sorti de sa gorge. Peut-être : non... Peut-être. Et tout au long du temps et quoi qu'il arrive, ce chantonnement du mammm mammm mammm piqué de cris plaintifs ou d'un aboiement rauque. Tel était mon compagnon lors des événements qui eux étaient tant et tant parlés, ailleurs autant qu'on peut l'être et pourtant des étudiants qui occupaient la faculté des Lettres de Montpellier sont venus me chercher. Ils étaient cent et plus dans la grande salle où le cours n'avait pas lieu. Ce qui avait lieu, c'était eux, et la parole, ils l'avaient, tant qu'ils voulaient, ils l'avaient prise, ils se la donnaient et à l'ordre du jour, il s'agissait du rôle

du psychologue dans la société d'après mai. Qu'est-ce qu'il devait faire, le psychologue ? Vendre des cacahuètes ? Psychologue je ne le suis pas, je ne l'ai jamais été et ne le serai sans doute jamais mais j'étais là pour dire un mot alors je l'ai dit :
— Ce qu'il faut faire ? Une troupe de théâtre ambulante et aller partout où il y a des enfants placés en instituts ou en maisons, faire le pitre et rigoler et glaner un ici, deux là, là un gamin et ici deux gamines, pour chercher avec eux, les Cévennes sont vastes et les préfets très occupés, comment s'en tirer dans l'existence. Dire ça ou mammm mammm mammm, pareil. Des mois après, l'un et l'autre sont venus me raconter, un peu contrits, qu'ils avaient éperdument discuté du statut du psychologue dans la société d'après mai-juin qui est celle de maintenant où passent des vagabonds qui sont les frères actuels de ceux dont je parlais en 1946. Ce jour-ci, 14 juillet 1969, deux d'entre eux ont mis leur tente tout près du territoire où, entre les énormes vagues de pierre érodées d'une des chaînes les plus haute de la préhistoire, François D., dix ans, dit Cornemuse, gonfle son ventre et le gonfle encore plus pour s'aider à geindre d'étranges chansons dont *La Marseillaise*, je ne raconte que du réel, et du coup, nous l'avons nommé président de cet organisme que je ne veux pas appeler groupe et qui est fait d'un jeune ouvrier de la banlieue de Paris, d'un fils de paysan de l'Allier, de sa femme et de deux filles dont la mère était l'une de ces réfugiées d'Espagne au moment de la victoire de Franco et, de là, je veux dire du fin fond de l'Espagne anarchiste, de l'Allier et de la banlieue de Parie, plus moi venu des remparts de Vauban et, par un arrière-grand-père que je n'ai jamais vu, d'une espèce de section libertaire des Ardennes, nous sommes le milieu proche d'enfants qui pourraient être ceux des délinquants du Centre d'observation et de triage de la région du Nord et qui sont, comme on dit, psychopathes au point de ne pas avoir la parole. Mais eux, ils ne se font pas d'illusions.

Chronologie

1913 *Le 7 novembre de cette année là, le soleil ne s'est pas levé sur les Flandres. De noire qu'elle était, la nuit est devenue blanche ; sur les lèvres, elle avait le goût du savon de Marseille.*
C'est à Bergues, dans le département du Nord, que ce jour-là, entre Lille et Dunkerque, vient au monde Fernand, Camille, Émile DELIGNY. Fils de Camille, Antonin, Célestin Deligny, Officier d'artillerie, et de Louise Laqueux, employée au service des titres de la Banque de France.

1914-1918 Le père de Fernand disparaît prématurément en 1917, tué à la guerre, il avait le grade de capitaine. Louise et ses enfants vivent à Bergerac où une partie de la population du Nord a été déplacée.

1919 Louise, qui ne tient pas particulièrement à se placer sous la protection de sa belle-famille, s'installe dans la citadelle de Lille. Son statut de veuve de guerre et son emploi à la Banque de France lui permettent d'assurer l'existence des siens.

1924 Fernand fréquente le lycée Faidherbes à Lille.

1931-1934 Après un bac philo, au lieu de suivre la filière de préparation de Saint-Cyr comme l'y incite son statut de pupille de la nation et l'insistance de son grand-père, capitaine des douanes, Fernand esquive. En khâgne, il oublie la classe prépa et se retrouve un peu par inadvertance à la porte de la classe de philo. Seul l'intéresse « l'instinct et l'habitude ». Il lit à peu près tout sur le sujet. Dans le même temps, il suit à la fac les cours de

philo et de psycho. Il fréquente également avec assiduité le comptoir d'un bistrot proche et sa piste de 421. À cette époque il passe beaucoup de temps à Armentières (15 kilomètres de Lille) où un ami interne à l'hôpital psychiatrique lui ouvre les portes de l'asile.
C'est également durant cette période qu'il rencontre Pierre Hirsh qui durant de longues années sera le soutien efficace de tout ce qu'il entreprendra aussi bien du point de vue de l'écriture que dans l'approche de ses différentes tentatives. C'est à lui que l'on doit notamment l'édition de ses premiers textes.
(*En 1932 à Lille, j'étais étudiant en droit et Del étudiant en Lettres. L'année précédente j'avais fondé un ciné club; après une séance que nous avions organisé dans la banlieue de Lille, j'ai lu dans une revue qui avait pour titre, si mes souvenirs ne me trahissent pas* L'étudiant. *J'ai vu Tolstoï avec la signature de Fernand Deligny, c'est à cette occasion qu'eut lieu notre première rencontre, cf.* correspondance Pierre Hirsh.)

1935 Service militaire (à l'école militaire à Paris).

1936 En septembre, il quitte l'armée en avance sur la date prévue. Au lieu de le porter déserteur, on en déduit qu'il est instituteur puisque le règlement prévoyait effectivement que les enseignants étaient libérés deux ou trois mois avant la fin du service pour ne pas manquer leur affectation à la rentrée des classes en octobre.

1937-1938 Toujours est-il que le voilà affecté au poste d'instituteur suppléant dans une classe de perfectionnement à Paris, rue de la Brèche-aux-Loups, puis à Nogent où il se trouve confronté à des enfants dont personne ne veut. Fernand Deligny ne s'était peut-être pas destiné à être instituteur, mais les traits de sa formation convergeaient vers l'enfant, et, sans aucun doute, vers les enfants à problèmes. Il éprouve une solide admiration pour les travaux de Célestin Freinet et il semble bien qu'il ait été fasciné par certaines figures d'instituteurs. L'un d'entre eux l'a particulièrement marqué : « Un militant, c'est sûr, opiniâtre. Ce maître n'hésitait pas à négliger les règlements au profit de méthodes plus actives, il emmenait sa classe en laissant un mot à l'intention de l'inspecteur : "Nous sommes partis faire les foins, la clef est sous la porte". » (*cf.* Pierre-François Moreau, *Fernand Deligny et les idéologies de l'enfance*). Deligny utilise d'autres techniques apparentées, tels que les jeux mimés ou les récits collectifs. Une classe entière fait durer des semaines une improvisation collective sur le thème des hommes préhistoriques.

1938-1939 Après avoir passé le CAEA (Certificat d'Aptitude à l'Enseignement des Enfants Arriérés), Fernand Deligny est nommé instituteur spécialisé détaché auprès de l'hôpital psychiatrique d'Armentières dans le Nord. À cette époque, l'asile psychiatrique est une enceinte fermée avec des grillages hauts de trois mètres cinquante, des grilles, des gardiens et la camisole de force. L'une de ses premières tâches va consister, avec la complicité des gardiens, à mener son étrange groupe d'élèves au-delà des murs de l'asile.

1939-1940 Il est mobilisé de septembre 1939 à juillet 1940.

1940-1943 De juillet 1940 à juin 1943, Deligny reprend son poste d'instituteur spécialisé détaché auprès de l'hôpital psychiatrique d'Armentières.

1943 *Pavillon III* paraît aux éditions de L'Opéra.
Fernand Deligny est détaché au Commissariat à la Famille de Lille. Il devient Conseiller technique de l'ARSEA (Association Régionale de Sauvegarde de l'Enfance et de l'Adolescence) que dirige Roland Assathiany.
Celui-ci reconnaît que, complètement démuni de moyens (la guerre n'est pas terminée et la pénurie est totale dans cette région sinistrée) F. Deligny fera œuvre de pionnier. Il ouvre un foyer de prévention dans le vieux Lille et tente de mettre en place un service pour lequel il fait appel à des voisins, des militants, des syndicalistes et des amis de la résistance.
(*cf.* R. Assathiany « À propos de Deligny »).
« Le milieu se prend en charge ».

1944 Fin 44, après la libération, la liberté de la presse ayant été rétablie, F. Deligny s'attaque à des équipements très importants mais rétrogrades sur le plan pédagogique. Il engage avec succès une campagne de presse contre la société de patronage dirigée par l'abbé Stahl. (*cf.* F. Deligny « Les vagabonds efficaces » et R. Assathiany « À propos de Deligny »).

1945 Première édition de « *Graine de crapule* » (« Conseils aux éducateurs qui voudraient la cultiver… », Lille, Édition Victor Michon).
À la demande de l'ARSEA F. Deligny met en place le premier COT (Centre d'Observation et de Triage) dans une commune bourgeoise de la banlieue de Lille (La Madeleine). Il ne résistera pas longtemps aux contraintes de l'institution ni aux multiples tracasseries administratives. Le COT sera fermé en mai 1946.

1946 Parution de *Puissants personnages* (Lille, Édition Victor Michon).
Deligny s'adresse au Service Civique de la Jeunesse, organisation issue des mouvements de jeunes de la résistance, qui va l'aider à prendre en charge quelques dizaines de gamins en les accueillant dans des chantiers de reconstruction et de formation
Première rencontre avec Huguette Dumoulin.
A. Pinaud et le juge Chazal organisent à l'école Théophile Roussel de Montesson les premières sessions de formation d'éducateurs spécialisés. Ils font appel à Deligny pour les prendre en mains. Il s'esquivera « *je me suis heurté tout de suite* ». Il racontera qu'un seul des participants de cette promotion était ouvrier (maçon) et militant de la jeunesse.
Fin 46, Deligny est nommé Délégué Départemental de Travail et Culture. Il rencontre André Bazin et pour la seconde fois Huguette Dumoulin qui se trouve à Lille pour organiser le congrès de son organisation. Ce congrès se tiendra dans la banlieue de Lille en juillet 47. Huguette Dumoulin demande à F. Deligny de l'aider à monter un spectacle de jeunes qui sera présenté à

l'issue de la manifestation à Lille puis à Paris aux arènes de Lutèce.

1947-1948 *Les vagabonds efficaces* (Lille, Éditions Victor Michon).
Premières démarches à Paris pour la création de « La grande cordée ».
Organisation expérimentale de cure libre pour adolescents. Son but est de favoriser des séjours d'essai dont le principe consiste à aider l'adolescent à découvrir l'activité, les conditions affectives, le mode de vie qui lui conviennent.
L'association est présidée par le professeur Henry Wallon. Le docteur Louis Le Guillant en assure le contrôle et le suivi médico-psychologique. Elle compte Irène Lezine et Huguette Dumoulin parmi ses membres les plus actifs. « La grande cordée » met en place un réseau d'accueil s'appuyant sur des militants des Auberges de jeunesse et du mouvement ouvrier.
Création d'une consultation médico-pédagogique pour enfants d'âge scolaire.
Instituteur détaché par l'Académie du Nord au laboratoire de Bio-Psychologie de l'Enfant (Rue Gay Lussac à Paris).
Laboratoire dirigé par le Professeur Henry Wallon.

1949 *Les enfants ont des oreilles* (Paris, Édition du Chardon Rouge).
Première rencontre avec Jean et Fernand Oury.

1950 *Le saint aux pieds cassés* (Paris, Édition inconnue, épuisé).
La Grande Cordée obtient les agréments de la CAF et de la Sécurité Sociale, ses collaborateurs, jusque là bénévoles, peuvent enfin être salariés.

1952 À la demande du Comité d'Entreprise de la RATP, création d'une consultation d'hygiène mentale pour les enfants du personnel. Les docteurs El Maleh et Morin en assurent le contrôle médico-psychologique. La consultation « Enfance » s'installe dans l'une des pièces du local occupé par « La grande cordée » rue René Boulanger à Paris.

1954 Deligny est dans le Vercors avec une vingtaine de jeunes équipés d'une grande tente et d'un appareil de projection 16 mm. Tournée de projections de films.
Fortuitement, contrat collectif de travail pour couper les foins sur de vastes étendues qui sont vouées à l'envahissement par les eaux (EDF prévoyant la construction d'un barrage).
Retour à Paris où « La grande cordée », faute de moyens, poursuit ses activités de façon réduite. La consultation Enfance, prise en charge par Irène Lézine continuera de fonctionner jusqu'en 1955.

1955 Jo Manenti, qui travaille à la consultation « Enfance » depuis 1952, procure un point de chute à F. Deligny qui souhaite quitter Paris pour poursuivre dans d'autres conditions ses recherches d'un milieu favorable à la réinsertion de jeunes que l'on continue à lui confier.
Le groupe quitte Paris et s'installe en Haute-Loire dans les combles d'un Château à Salzuit, près de Brioude.
Huguette Dumoulin crée un élevage de volailles, Jo Manenti une coopérative de bâtiment avec des anciens de « La grande cordée ».
Deligny, tout en assurant la cohésion du groupe, entreprend l'écriture de nombreux articles qui précisent « la position » qu'il entend tenir dans le domaine pédagogique.
Dans le même temps, il se remet à l'écriture de son premier roman à paraître chez Gallimard en 1958 « *Adrien Lomme* ».

1956 Les rapports avec le propriétaire du Château s'étant dégradés, le groupe rejoint Saint Yorre (Le Petit Bois) où il restera trois ans.
Rencontre avec Guy Aubert. Arrivée de Yves… jeune débile profond, que les parents enseignants, viennent confier à Deligny.
Huguette Dumoulin et Jo Manenti assument une partie des ressources du groupe en étant salariées dans une clinique.
Guy Aubert, ses chèvres et Yves… déterminent l'action du groupe de présence proche.

1958 *Adrien Lomme* (Roman, Paris, Éditions Gallimard).
À la demande d'André Bazin, Deligny reçoit François Truffaut qui travaille au scénario de son film « Les 400 coups ».

1959 Deligny quitte l'Allier pour Thoiras dans les Cévennes Gardoises avec Guy Aubert et Yves.

1960 *Graine de crapule* (Réédition, Éditions du Scarabée).
Pierre Hirsh (L'un des fondateurs et ami de « La grande cordée » en assume le financement et réalise la maquette).

1962-1964 Installation à Anduze et début de tournage du film « *Le moindre geste* » avec Guy Aubert, Yves... et Jo Manenti.
Huguette Dumoulin quitte le groupe avec ses enfants pour une activité salariée dans les Auberges de jeunesse.

1965 Les diverses entreprises engagées n'ont pas assaini une situation financière désastreuse qui s'est encore dégradée. Il faut trouver une solution. Germaine Le Guillant propose un passage à Péray Vaucluse chez le Docteur Lucien Bonnafé, ou à La Borde chez Jean Oury.
Deligny et ses compagnons sont accueillis à la clinique La Borde dirigée par Félix Guattari et Jean Oury avec pour projet de terminer le film « *Le moindre geste* ».
Arrivée de Janmari, un enfant autiste d'une dizaine d'années, que Deligny prend en charge à la demande de la mère qui refuse son « enfermement » dans un asile.
Début du mouvement de la psychothérapie institutionnelle.
La défiance de Deligny à l'égard du verbe s'installe définitivement.
« Les éducateurs les plus efficaces ne sont pas les plus spécialisés ».

1967 Retour en Cévennes à Gourgas, puis à Graniers, un hameau du village de Monoblet. Désaccord avec Guattari. Deligny s'installe définitivement à Graniers avec Guy Aubert, Yves et Janmari.

La tentative réseau prend forme avec l'aide de quelques-uns venus des Cévennes proches, d'autres descendus de Paris en rupture d'obligation militaire et quelques compagnons de route.
À partir de cette période plusieurs dizaines d'enfants autistes séjourneront à Graniers et dans les réseaux des alentours. Ils arrivent là sur les conseils des docteurs Françoise Dolto, Maud Mannoni, Émile Monnerot et quelques autres proches des positions où campe Fernand Deligny. Quelques institutions, des parents se montrent également très attentifs à tout ce qui se trame du côté de Graniers.
Jacques Lin sera tour à tour boulanger, cultivateur, construira des chariots d'immigrants. Gisèle Durand, Annie Durand, Guy Aubert et quelques fidèles assureront durant des années la vie, parfois la survie, de cette tentative à côté de toute reconnaissance officielle et des financements qui en découlent.
Cette tentative perdurera jusqu'au décès de Fernand Deligny.
Elle se poursuit aujourd'hui sous une autre forme grâce à l'opiniâtreté de quelques compagnons des premières heures de Graniers.

1970 *Les vagabonds efficaces et autres récits*, Préface d'Émile Copfermann (Paris, Maspéro éditeur).

1971 Présentation à Cannes et sortie sur les écrans du film réalisé par Fernand Deligny, *Le Moindre Geste*.
Une entreprise qui a pu aboutir grâce au travail de mise en film de ce matériau brut accompli par Jean-Pierre Daniel et à l'aide précieuse de Jo Manenti. (Production ISKRA.)

1975 *Nous et l'innocent*, Textes choisis, présentés par Isaac Joseph (Paris, Maspéro éditeur).
Ce gamin là, film réalisé par Renaud Victor et Fernand Deligny, produit grâce à l'aide de François Truffaut. Une production des Films du Carrosse.

1976 *Les enfants ont des oreilles* (Réédition, Maspéro éditeur).
Adrien Lomme (Réédition, Maspéro éditeur).

1977 *Balivernes pour un pote* (Paris, Éditions Seghers).

1978 *Puissants personnages* (Réédition, Maspéro éditeur).
Le croire et le craindre, avec la collaboration d'Isaac Joseph (Éditions Stock).
Parution à Paris aux Éditions Retz du remarquable ouvrage de Pierre-François Moreau.
Fernand Deligny et les idéologies de l'enfance.

1979 *Les détours de l'agir ou le moindre geste* (Paris, Éditions Hachette).

1980 *La septième face du dé* (Paris, Éditions Hachette).
Singulière Ethnie (Paris, Éditions Hachette).
Les Enfants et le silence (Paris, Éditions Galilée/Spirali).
Ces quatre derniers ouvrages sont édités grâce à l'opiniâtreté d'Émile Copferman.

1982 *Traces d'I. Autisme, sciences humaines et philosophie*, avec Jean-Michel Chaumont (Louvain la Neuve, Éditions Cabay).

1983 *Traces d'être et bâtisse d'ombre* (Paris, Édition Hachette).

1984 *Balivernes pour un pote et Outremer* (Réédition, Édition Curandera).
Deligny entreprend l'écriture de *A comme asile* et *Éloge de l'asile.*

1985 En avril, Deligny est hospitalisé en urgence et doit subir une intervention chirurgicale. Longue convalescence consacrée à la lecture et à l'écriture.
Durant cette période, il retrouve Michaux, Conrad, Melville..., découvre Wittgenstein et dévore *Les souvenirs entomologiques* de Fabre.
Décès de Marie-Rose, compagne de Guy Aubert.
Fin de la tentative en réseau, mais Graniers perdure avec Jacques Lin, Gisèle Durant quatre ou cinq gaillards autistes.

1987 Deligny travaille à l'écriture de *La voix du fleuve*, un scénario de long métrage avec Renaud Victor.

1988 *À propos d'un film à faire*, film réalisé par Bruno Muel autour du travail de Renaud Victor et Fernand Deligny.

À l'initiative de Dominique Autié paraît à Toulouse chez Privat Éditeur *Fernand Deligny, Cinquante ans d'asile* de Louis-Pierre Jouvenet, Jean-Michel Cailot-Arthaud et Claude Chalaguier.

1989 Deligny s'engage dans l'écriture d'un manuscrit sans fin *Enfant de citadelle*, un magnifique récit de plusieurs centaines de pages dont la rédaction occupera la fin de sa vie.
Parution en Suisse aux éditions IES de *Fernand Deligny, Éducateur sans qualités* de Françoise Ribordy-Tschopp. Un ouvrage préfacé par Daniel Hameline.

1990 Jacques Lin réalise un film d'animation *Pipache*, sur un scénario de Fernand Deligny. (Distributeur, AMLF)

1993 Décès de Guy Aubert.

1994 Malgré une grande faiblesse, Deligny rédige *Essi*, un recueil d'aphorismes à la manière de ses premiers récits.

1995 L'état de santé de Deligny se détériore à nouveau, il fait une chute qui nécessite une hospitalisation. Sur son lit de la clinique de Ganges, il entreprend l'écriture de son dernier manuscrit *Copeaux*.

1996 À Graniers, le 18 septembre vers 4 h 30 du matin, Fernand Deligny nous quitte.
Jusqu'à son dernier moment il sera accompagné par Gisèle Durand et Jacques Lin, fidèles compagnons des premières heures de la tentative de Graniers.

Jacques ALLAIRE

Table des matières

80212 - (I) - OSB 80° - FAB - GCR

JOUVE
1, rue du Docteur Sauvé, 53100 MAYENNE
N° 2904386J
Dépôt légal : juillet 2019
Dépôt légal 1ère édition : Septembre 1998

Imprimé en France